Simea Gut

DIY-IDEEN FÜR IHR ZUHAUSE

WOHNEN
im Vintage-Stil

EIN HAUS, DAS ZU MIR PASST ...

Ich sitze hier nach vielen turbulenten Monaten auf meinem Sessel und schaue aus dem Fenster meines Hauses. Meines Hauses! Es ist hell, lichtdurchflutet, warm, und ich liebe die Aussicht! Nicht nur die aus dem Fenster, nein: Wenn mein Blick durch das ganze Zimmer schweift, dann regt sich in mir ein wenig Stolz und unglaublich viel Freude. Das hier – das alles – ist unseres! Und das hier – das alles – haben wir selbst gemacht!

Als wir vor über einem Jahr zum ersten Mal das damals noch sehr unordentliche und unglaublich schmutzige, an vielen Stellen dunkle und trostlose Haus betraten, war uns irgendwo tief im Inneren klar, dass wir einmal so hier sitzen würden. Und dass alle Arbeit, aller Stress, aller Muskelkater überwunden sein würden und wir einfach nur unser eigenes Häuslein genießen könnten. Und obwohl wir noch nicht hundertprozentig an diesem Punkt angekommen und erst mit einem von zwei Stockwerken komplett fertig sind, haben wir doch gemerkt, dass Bauen etwas so zutiefst Zufriedenstellendes ist, dass wir das unbedingt mit anderen teilen müssen.

Und Bauen ist nicht einmal unglaublich schwer. Und es ist nicht unglaublich teuer – nein, eigentlich kann man sehr viel sparen, wenn man die Dinge selber in die Hand nimmt. Und Frauen können auch bauen, ehrlich! Und niemand kann einem dann das Beste nehmen – eben jenes tiefe, tolle Gefühl: „Es ist genau so, wie es zu mir passt!" Das *müssen* wir mit Ihnen teilen!

Und wir wünschen Ihnen einfach nur viel Spaß beim Lesen, Planen, Überlegen – und Selbermachen!

Ihre Simea Gut

INHALT

4 EIN HAUS, DAS ZU MIR PASST ...

8 **DIE VERWANDLUNG**

12 **VORÜBERLEGUNGEN**
14 EIN FARB- UND STILKONZEPT ENTWICKELN
16 DIE RAUMPLANUNG

20 **GRUNDTECHNIKEN**
22 BÖDEN, DECKEN UND WÄNDE AUSGLEICHEN
24 WÄNDE IN TROCKENBAUWEISE NEU ZIEHEN
28 KONTER-/LATTUNG
29 HOLZ ERHALTEN
30 ECHTE & FALSCHE BALKEN
32 HOLZ BEIZEN
34 HOLZ & HEISSLUFT
35 HOLZ WEISSELN
36 HOLZ & SPRÜHFARBE
37 HOLZ SCHLEIFEN & FARBE
39 TAFELLACK
40 VASELINE-TECHNIK
42 METALL ROSTEN LASSEN
44 METALL IMITIEREN
45 TERAKOTTA ALTERN
46 ALTE SÄCKE NÄHEN
48 SPIEGEL ALTERN

50 **PROJEKTE IM WOHNRAUM**
52 SPOTLIGHT SAMMELN
54 PALETTENWAND
55 HEIZKÖRPER IN NEUEM LOOK
56 BACKSTEINWAND HERAUSHOLEN
58 BRUCHSTEINWAND HERAUSHOLEN
60 RATZEWAND
62 DISTRESS-WAND
63 EINEN RUSTIKALEN ESSTISCH BAUEN
66 MIT HOLZ VERKLEIDEN
68 GARDEROBE MIT FOTOTRANSFER
70 ICH KLEB MIR EINE TÜR

72 **PROJEKTE IM SCHLAFZIMMER**
74 SPOTLIGHT LAMPENLÖSUNGEN
76 EINE COLLAGE DIREKT AN DER WAND
78 EINGEBAUT
80 DAS GANZ PERSÖNLICHE HEADBOARD

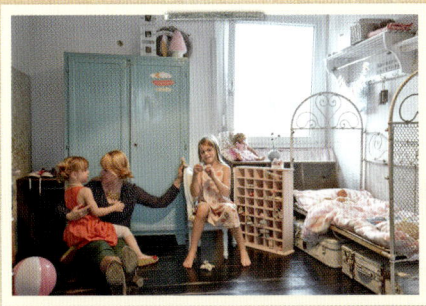

82 PROJEKTE IM KINDERZIMMER
84 KINDER(T)RÄUME
86 ALTE DIELEN SELBER MACHEN
88 EINE DECKE WIE IM HOLZHAUS
90 SCHÖNES AUS HOLZ

104 PROJEKTE IM BADEZIMMER
104 AUF DEN WASCHTISCH BRINGEN
108 EINE DUSCHTÜR WIE IM WILDEN WESTEN
111 ROHRGESCHICHTEN
112 EIN MÄUERCHEN AUS SICHTSTEIN
114 BEDECKT

92 PROJEKTE IN DER KÜCHE
94 SIMEAS KÜCHENTIPPS
96 MEHR ALS EIN BODEN
98 LAMINAT AN DER GESCHIRRSPÜLMASCHINE
99 EINE NEUE TISCHPLATTE AUS LAMINAT
100 EINE SPÜLE AUS BACKSTEIN
102 KÜCHENHELFER AUS METALL

116 PROJEKTE IM STUDIO
118 SPOTLIGHT KOMBINIEREN
120 ECKBANK MIT VIEL STAURAUM
122 RAUMTEILER MIT FENSTERCHEN
124 SCHWEDISCHE WANDVERTÄFELUNG
126 PIMP DEIN IKEA-REGAL
128 ALTE INDUSTRIELAMPEN UMBAUEN
130 BEISTELLTISCH AUS HOLZ UND METALL

132 GERÄTE
136 HERSTELLERVERZEICHNIS
138 IMPRESSUM
140 DANKE!

>> Die Materialien sind bei den Projekten aufgeführt. Wenn Sie mehr über die entsprechenden Geräte oder auch Basismaterialien etc. wissen wollen, finden Sie das hinten im Buch ab Seite 132.

›› DIE VERWANDLUNG

Ich liebe, liebe, liebe Vorher-Nachher-Reportagen: Stundenlang könnte ich zusehen, wie Menschen oder Gebäude ein Makeover bekommen und nicht mehr wiederzuerkennen sind.

Auch von unserem Haus haben wir einige spannende Schüsse vom Tag der Schlüsselübergabe – teilweise noch nicht geräumt – und dann vom zurückgebauten Zustand. Haben Sie Lust, die einmal zu sehen und mit dem zu vergleichen, wie es jetzt aussieht? Ja? Das dachte ich mir!

FLUR

Wände fallen weg – der Flur wirkt weiter

Geblieben ist nur die Aufteilung, sonst ist alles neu

VORHER/NACHHER

WOHNZIMMER

Der Mini-Raum entfiel und ist jetzt eine Leseecke

DIE VERWANDLUNG

KÜCHE

Es war einmal ein gammliger Messie-Hobbyraum, jetzt ist es eine helle, hübsche Küche

BAD

Bad bleibt Bad: Die Aufteilung ist gleich, aber Nostalgie-Chic macht sich breit ...

KINDERZIMMER

Erst Küche, dann Kinderzimmer, bald Büro

SCHLAFZIMMER

Das Schlafzimmer ist superhell mit Fenster plus Ausgang auf die Dachterrasse

VORHER/NACHHER

☛ DIE VERWANDLUNG

VORÜBERLEGUNGEN

Wie oft höre ich, dass Menschen einfach in eine Renovierung hineinstolpern. Tun Sie das nicht! Planen spart Geld, und das Ergebnis werden Sie noch mehr lieben.

Vorher überlegen spart hinterher viel Ärger

Bodenmuster sollte man im Originalraum begutachten

Das Farbenspiel zu planen ist sehr wichtig!

EIN FARB- UND STILKONZEPT ENTWICKELN

Was mag ich? Was will ich aussagen? In welcher Lebenssituation befinde ich mich? Solche Fragen sind wichtig, um einen eigenen Stil zu finden.

Hat man ein Haus, das man umbaut, oder will man eins bauen, dann muss man sich als Erstes überlegen, wie es in etwa aussehen soll. Man macht Pläne, redet, streunt in Geschäften umher, besucht Online-Seiten, wälzt Kataloge – und sieht ständig Dinge, die einen faszinieren und inspirieren. Was fängt man jetzt damit an? Ich habe drei Wege gefunden, Material für mein Farb- und Stilkonzept zu sammeln:

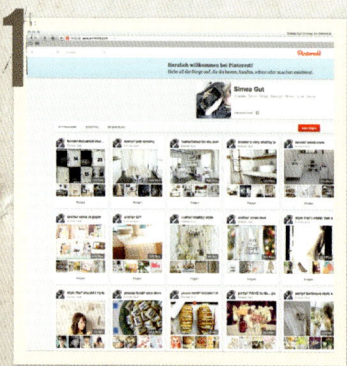

(1) ONLINE MIT PINTEREST

Der Anbieter Pinterest macht es möglich, unzählige digitale Pinnwände zu führen, zu allen Themen, die man sich nur vorstellen kann. Dorthin pinnt man ganz einfach all seine Inspirationen. Ich hatte ein Board für das Thema Küche, eines fürs Bad, eines für Kinderzimmer im Allgemeinen und eines für das ganze Haus mit allen übrigen Ideen. Außerdem sammle ich einfach DIY-Ideen, die ich irgendwann einmal ausprobieren möchte, und vieles mehr. Diese Boards waren für meine Hausplanung essenziell. Denn es gibt unzählige Inspirationen da draußen, die einfach Lust machen, etwas Tolles aus seinem Haus herauszuholen. Schon lange, bevor wir ein Haus hatten, habe ich fleißig gepinnt. Als es losging, wusste ich so auch, was ich in etwa will.

(2) MEIN SMASHBOOK

Smashbooks sind Bücher mit Ringbindung, in die man einfach alles hineinkleben kann, was einem so gefällt. Ich habe meine Pinterest-Lieblingsfotos ausgedruckt, diese dann nach Räumen sortiert in mein Buch geklebt und mit Zeitschriften und Katalogfotos ergänzt. Dort haben dann auch Muster und kurze Notizen hineingepasst, und – sehr praktisch – ich konnte das Buch immer mitnehmen. Wenn ich etwas ausgewählt habe, dann hatte ich das Buch dabei und habe kurz geschaut, ob das Fundstück ins Gesamtkonzept passt. Wenn ich zum Beispiel nach einer Lampe gesucht habe, konnte ich schauen, ob es genau die Lampe ist, die mir auch schon auf dem Foto so gut gefallen hatte. Mein Smashbook hat gelebt, und das war wirklich toll. Das Buch erkläre ich auch kurz in einem Video.

(3) EIN MOODBOARD

Moodboards sind eine Art Hobby von mir: Es sind einfache großflächige Rahmen oder Ähnliches, auf denen ich Materialien zu einem Thema sammle. Für ein Zimmer beispielsweise den Stoff, den ich verwende, Farbkarten, ein Muster vom Boden, Fotos von Möbeln etc. – all das kann auf dem Moodboard intuitiv gestaltet werden, und man kann in Nullkommanichts den Look erklären, auf den man hinarbeitet. Manches fällt auch wieder heraus, das ist völlig in Ordnung.

Mit dem Moodboard kann man auch jedem neugierigen Besucher auf der Baustelle zeigen, wie ungefähr der fertige Raum einmal aussehen soll: eine Super-Sache. Wenn ein Projekt abgeschlossen ist, kann man es einfach wieder abräumen, oder man sammelt Moodboards, weil sie so genial sind.

Grundsätzlich bietet ein Moodboard faszinierende Möglichkeiten, einen Stil zu verfolgen. Ich liebe es, ganz konzentriert überall zu schauen: Was ist es denn jetzt, was mir genau gefällt? Und das anschließend umzusetzen. Nehmen Sie sich unbedingt Zeit für diese Arbeit! Denn die lohnt sich, indem man Geld spart – weil man nur noch kauft, was man wirklich möchte.

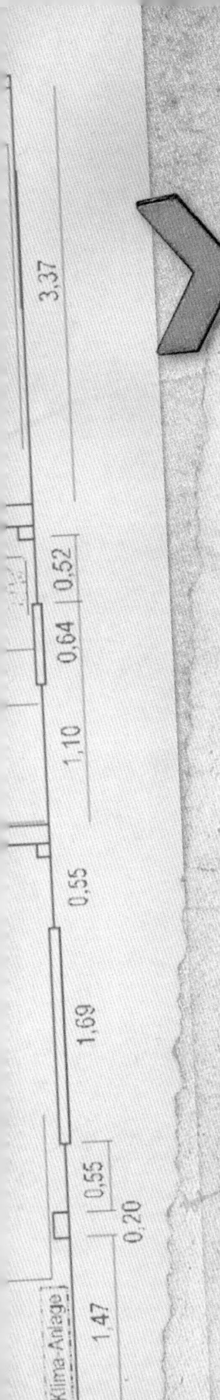

DIE RAUMPLANUNG

BESTANDSAUFNAHME

Als wir noch nicht sicher wussten, ob wir das Haus tatsächlich bekommen oder nicht, haben wir anhand der Fotos und Grundrisse ständig überlegt, was an welcher Stelle seinen Platz finden könnte, welche Zimmer wir brauchten, wo im Haus sie am besten liegen sollten etc. – das war ein spannender Prozess.

Gelernt habe ich dabei zwei Dinge. Erstens: Es ist immer sinnvoll, herauszufinden, was man so lassen möchte, wie es ist, oder was man nur ein wenig unterstützen will, weil es wirklich gut ist. Bei uns war das zum Beispiel sehr viel Licht von der Südseite und die völlig unverbaute Sicht. Das ergab einfach eine unglaubliche Stimmung, und dieses Licht wollten wir unbedingt in den wichtigen Zimmern genießen – für uns sind das die, in denen wir uns viel aufhalten, also Wohnzimmer und Elternschlafzimmer. An die Straßenseite passte die Küche besser, da es dort sowieso oft laut ist und der Straßenlärm dann wenig stört.

Aber die ursprüngliche Küche war uns zu klein. Damit kam der zweite Punkt ins Spiel: Was kann man ändern? Wir planten, einige Wände herauszunehmen, um den luftigen, hellen Eindruck der Südseite zu verstärken. Aber dann mussten wir erkennen, dass man Wände nicht immer einfach so herausreißen kann, wie man es gerne möchte. Einen kleinen Wandblock mussten wir aus statischen Gründen stehen lassen. Und die Wand zu dem Raum, den wir als Küche vorgesehen hatten, war aus so schönem Backstein gemauert, dass ich es nicht übers Herz brachte, sie herauszureißen. So standen wir da und überlegten – und beschlossen endlich, die Küche eben in einen anderen Raum zu verlegen. Ja, ich weiß, es ist nicht immer einfach, so flexibel zu sein. Aber so viele Vorteile ein altes Haus bietet, es setzt eben auch Grenzen, die man akzeptieren muss und aus denen man das Beste machen sollte. Und wenn man gut überlegt, kann man aus allen „Macken" das Bestmögliche herausholen – und das fühlt sich einfach gut an!

INDIVIDUELLE AUSRICHTUNG

Jede Familie tickt anders und findet andere Dinge wichtig. Manche lieben es, zusammen zu spielen, andere sind ständig miteinander draußen und wieder andere genießen tolle Kinoabende. Wenn man nun ein neues Haus plant oder eine Wohnung sucht, finde ich es sehr wichtig, dass man dabei die Chance nutzt und nicht ein 08/15-Standard-Haus plant, sondern eins, das ganz und gar auf einen selbst zugeschnitten ist. In der Regel wird man ja schließlich ein paar Jährchen darin wohnen, stimmt's?
Wir Guts wollen als Familie viel mehr spielen und wir lieben Besuch. Deswegen war einer unserer wichtigsten Punkte ein riesiger Esstisch. Der musste in einen Raum passen und um ihn herum planten wir diesen gesamten Raum: Der Tisch soll das Zentrum sein, an dem Familie und Freundschaft gelebt werden, also muss man ihn wichtig nehmen. Sehr wichtig war uns auch, dass wir gemeinsam Mahlzeiten zubereiten. Unsere Älteste kocht schon gerne und jeder von uns liebt gutes Essen, so war eine Küche ohne Platz für uns alle – und am besten noch ein paar Gäste – gar keine Option. Wir wussten, wir brauchen einen Tisch und Platz, wo man beim Kochen zuschauen kann, und so haben wir dann die Küche gestaltet. Und wir lieben es einfach, dort gemeinsam zu werkeln …

Das nur als Beispiele dafür, wie man sich individuell überlegen kann, was eigentlich so für einen zählt und wie man es dann auch möglich machen kann. (Und dieser Part ist sehr spaßig, finde ich!)

VORÜBERLEGUNGEN

FLEXIBILITÄT

Ich habe es oben schon angesprochen: Wir wussten nicht von Anfang an, welches Zimmer später einmal was beherbergen würde. Und ich bin im Nachhinein so froh darüber! Denn jetzt hängen wir auch nicht so extrem an Dingen, die immer bleiben müssen, wie sie sind. Die Kinder schlafen momentan noch im zukünftigen Büro. Später, wenn oben ausgebaut ist, hat jedes unserer Mädels dort ein Zimmer. Aber sie wollen nicht so weit weg von uns sein. Gut, dachten wir uns, dann gehen wir halt noch ein Jahr hoch. Unser Bett kann man gut umräumen, und einen Einbauschrank wollten wir oben sowieso bauen – alles eine Sache von einem Wochenende.

Es lohnt sich hier wirklich, darüber nachzudenken, was sinnvoll ist, und nicht das zu machen, was alle machen. Mich stört zum Beispiel an Grundrissen immer, dass die Eltern ein größeres Zimmer haben als die Kinder. Ich brauche doch keinen Platz, außer für mein Bett! Meine Kinder brauchen ... ja, sagen wir einfach mal: viel Platz – und warum sollen sie dann nicht das größere Zimmer haben? Und ab und an innerhalb des Hauses umziehen, hilft außerdem dabei, auszusortieren, sich über Dinge neu zu freuen und für das ganze Haus eine wachsende Liebe zu entwickeln.

Ihre Aufgabe: Setzen Sie sich zusammen und gehen Sie diese Punkte einmal durch – am besten erst als Paar und dann als Familie – und schauen Sie, wie Sie die Räume optimal planen können, jedenfalls vorläufig.

Mein Tipp: Auch mit den Möbeln kann man so verfahren. Man kann überlegen, welche Möbel man hat, sie kurz fotografieren und darüber nachdenken, wo sie stehen sollen, was weg muss, was man neu braucht und wie dann alles zusammenpasst!

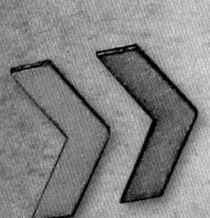

WAS BEHALTEN? WAS NEU MACHEN ODER ANSCHAFFEN?

WAS BEHALTEN?

Wenn Sie dieses Buch gekauft haben, interessieren Sie sich auf jeden Fall für Häuser, in denen alte Dinge als Gestaltungselemente eingesetzt werden. Wir lieben es, einen Stil komplett durchzuziehen, wir wissen aber, dass das vielen „zu viel" ist und dass sie gerne Vintage-Elemente mit modernen Materialien kombinieren. Das Schöne ist, dass man in alten Häusern Dinge findet, die man herausarbeiten kann, die dann nichts oder nur wenig kosten und trotzdem einen einzigartigen Look schaffen.

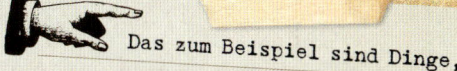

Das zum Beispiel sind Dinge, die man finden könnte:

Fachwerk
Bruchsteinwände
Backsteinwände
alte Dielenböden
alte Fliesen
tolle Wände unter Tapeten
Betonwände
Holzbalken oder Stahlträger
alte Türrahmen
Mauervorsprünge oder Nischen

Deswegen raten wir jedem, in der Umbauphase gründlich zu schauen, mit welcher Substanz man eigentlich arbeitet. In Wände kann man an verschiedenen Stellen Löcher bohren, um zu sehen, was sich darunter befindet. Oder wenn man zum Beispiel die Wände schlitzt, weil man neue Elektrik verlegt, schlitzt man eben ein bisschen breiter und schaut nach dem Untergrund. Verputzt ist anschließend schnell wieder.

Oft muss man alte Tapeten sowieso entfernen, da lohnt es sich, zu überlegen, ob man Teile der Wand nicht einfach offen lassen kann und nur andere wieder tapeziert. Wenn man Wände abbricht, stehen darin vielleicht stützende Balken, die den Raum perfekt ergänzen, wenn man sie an ihrem Ort lässt. Unter vier Schichten PVC befinden sich manchmal wirklich geniale Dielenböden, und wenn man ebenerdig wohnt, kann man sie abschleifen und behandeln und hat einen unglaublich spannenden Boden. Bei uns ging das leider nicht, da unter uns Leute wohnen, denen wir das aus Lärmgründen nicht antun wollten. Aber wir empfehlen wirklich, immer die Augen offen zu halten und zu schauen, was sich wo findet. Denn man kann tolle – und sehr günstige! – Designelemente entdecken, die eine ganz authentische Stimmung aufbauen!

WAS DAZU TUN?

Wenn man sich einen Überblick verschafft hat, mit welchen Grundmaterialien man arbeitet, und natürlich auch, wenn man in einem neuen Haus wohnt, dann kann man sich überlegen, mit welchen Techniken man echtes Vintage-Flair in das Haus zaubert.

Auf den nächste Seiten in diesem Buch zeigen wir Ihnen ganz praktisch, wie Sie mit etwas Zeit und Fleiß die Stimmung eines alten Hauses sogar in ein neues holen können.

GRUNDTECHNIKEN

Techniken, die nicht einem speziellem Raum zugeordnet werden ... wenn man die einmal lernt, kann man sie unzählige Male wieder verwenden und tolle Ergebnisse erziehlen.

Gute Maschinen machen vieles leichter

Wer richtig loslegt, sollte sich mit den wichtigsten Geräten vertraut machen

Sägen und Schrauber braucht man fast für jedes Projekt

BÖDEN, DECKEN UND WÄNDE AUSGLEICHEN

Die Substanz eines alten Hauses ist oft gut und stabil, aber sehr häufig nicht hundertprozentig gerade oder eben. Deswegen muss man nach dem Rückbau als erstes schauen, dass man eine Basis für alle neuen Arbeiten schafft.

BÖDEN

In unserem Badezimmer lag die eine Seite ganze 7 cm höher als die andere – das ist schön für ein Matchboxauto, aber für alles andere nicht so ganz das Wahre. Deswegen wurde dort ein Estrich eingegossen. Ein anderer Raum hatte drei Bodenbeläge mit unterschiedlichen Höhen (1). Dort haben wir einen Trockenestrich gelegt (2) und dann Holzplatten darauf geschraubt, bevor wir den Boden verlegt haben (3).

DECKEN

Wir wollten schauen, was unter den Deckenverkleidungen verborgen ist, und so haben wir sie alle herausgerissen (4). Anschließend kann man sie dämmen (5) und eine Konterlattung anbringen (6), um später eine Decke einzuziehen. Oder man kann Gipskartonplatten anbringen und die Übergänge glätten, um später zu verputzen oder zu tapezieren. Alternativ mit Deckenpaneelen arbeiten wie auf S. 88/89 oder S. 114/115.

GRUNDTECHNIKEN

WÄNDE IN TROCKENBAU-WEISE NEU ZIEHEN

Viele Wände nimmt man heraus, immer mit dem Ziel, ganz viel Licht hereinzuholen. Manchmal muss man aber auch neue Wände ziehen, und das ist eigentlich kein Hexenwerk.

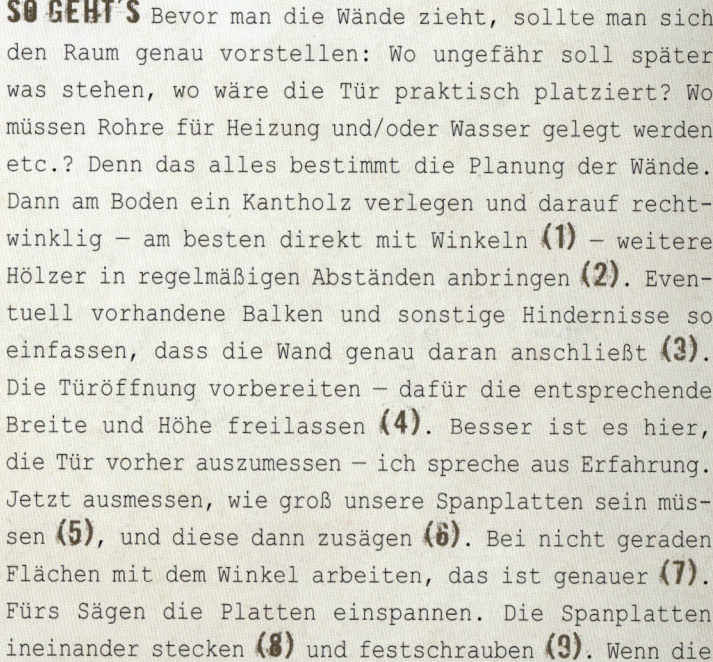

SO GEHT'S Bevor man die Wände zieht, sollte man sich den Raum genau vorstellen: Wo ungefähr soll später was stehen, wo wäre die Tür praktisch platziert? Wo müssen Rohre für Heizung und/oder Wasser gelegt werden etc.? Denn das alles bestimmt die Planung der Wände. Dann am Boden ein Kantholz verlegen und darauf rechtwinklig – am besten direkt mit Winkeln (1) – weitere Hölzer in regelmäßigen Abständen anbringen (2). Eventuell vorhandene Balken und sonstige Hindernisse so einfassen, dass die Wand genau daran anschließt (3). Die Türöffnung vorbereiten – dafür die entsprechende Breite und Höhe freilassen (4). Besser ist es hier, die Tür vorher auszumessen – ich spreche aus Erfahrung. Jetzt ausmessen, wie groß unsere Spanplatten sein müssen (5), und diese dann zusägen (6). Bei nicht geraden Flächen mit dem Winkel arbeiten, das ist genauer (7). Fürs Sägen die Platten einspannen. Die Spanplatten ineinander stecken (8) und festschrauben (9). Wenn die

gesamte Fläche ausgekleidet ist, über den Spanplatten Gipskartonplatten anbringen (10). Dabei genauso vorgehen wie bei den Spanplatten – nur kann man den Gipskarton zeitsparend mit dem Cutter schneiden. Installationsdosen für die Elektrik setzen. Schraubenlöcher und Plattenzwischenräume mit Gipsspachtelmasse ausfüllen, damit die Fläche eben ist. Diese Flächen noch einmal mit ganz feinem Schleifpapier abschleifen (11), um einen wirklich glatten Untergrund zu erhalten. Jetzt kann man die Wände behandeln wie auf S. 26/27 zu lesen.

GRUNDTECHNIKEN

WÄNDE

Wände sind das Schwierigste: Häufig sind sie nicht eben, oder es geht beim Herausklopfen von Wänden mehr kaputt, als man möchte (1). Oft zieht man neue elektrische Leitungen und setzt neue Steckdosen (2). Dann muss man auch hier evtl. dämmen (3) und die Dämmung an der Außenwand befestigen (4). Später wird mit Beimischung von Quarzsand darüber gestrichen. Oder man gleicht die Mauer mit einer Platte aus, deren Fugen man mit Gipsspachtel füllt. Bei von innen gedämmten Räumen wird mit dem Quarzsandanstrich gearbeitet (5).
Nach einem dieser Schritte wird die Wand normal verputzt. Dafür Putz mit dem Rührquirl nach Packungsanleitung anmischen (6). Dann mit der Maurerkelle etwas von dem Zement oder Putz auf die Glättkelle geben (7) und auftragen (8). Wenn der Putz leicht angezogen ist, noch einmal mit dem feuchten Schwammbrett darüber gehen. Bevor man die Wände anschließend fliest, streicht oder tapeziert, muss man eine Grundierung streichen (9). Sie sorgt dafür, dass die Wand nicht zu stark und nicht unregelmäßig saugt.

>> **TIPP:** Wenn die Wände zu uneben sind, kann man Putzleisten anbringen und diese mit der Wasserwaage senkrecht ausrichten. Den Putz dann ungefähr in Stärke der Leisten auftragen – etwas reichlicher – und mit der Aluschiene gleichmäßig abziehen. Auch für die Ecken gibt es spezielle Eckprofile, die den Putz vor Stößen und Abrieb schützen.

7

8

9

>> **INFO:** Für den Quarzsand braucht man ganz schön Kraft! Normales Verputzen fand ich einfacher.

GRUNDTECHNIKEN

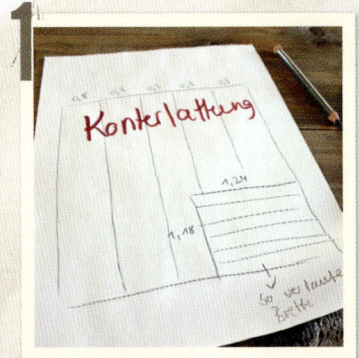

KONTER-/LATTUNG

Ich liebe es, Dinge aufzuhängen, und ich finde Holzverkleidungen sehr spannend. Deswegen war ich so froh, als ich das Prinzip von Lattung und Konterlattung erklärt bekam.

SO GEHT'S Überlegen, wie die Oberfläche verlaufen soll (1). Die Lattung verläuft dann nämlich quer zu den Verkleidungselementen. An manchen Decken ist schon eine Lattung vorhanden, darauf kann man aufbauen. Wenn man unbedingt entgegengesetzt verlegen will, auf die Lattung noch eine weitere Lattung schrauben: die Konterlattung. Dadurch liegt natürlich die Decke ein bisschen niedriger, das muss man bedenken.
Jetzt die Lattenabstände festlegen. Bei einer Wandvertäfelung reicht oben und unten eine Lattenreihe. Bei Decken- und Bodenpaneelen haben wir gerechnet, bis wohin unsere Paneele jeweils laufen sollen, und an diesem Ende die Lattung angebracht. Mit der Wasserwaage überprüfen, dass die Lattung wirklich gerade verläuft. Die Kanthölzer jetzt direkt in die Wand, den Boden oder die Decke schrauben (2+3) oder in der Mauer verdübeln. Wenn alles gerade ist und steht, können Sie mit dem Belegen beginnen.

MATERIAL

Gehobelte Latten oder Kanthölzer

Schrauben, Dübel

Akkuschrauber

Maßstab, Stift

Wasserwaage

Schwierigkeitsgrad: einfach

Zeitaufwand: je nach Quadratmeter, ab ca. ein bis zwei Stunden

HOLZ ERHALTEN

Es ist unglaublich, wie unterschiedlich Holz aussehen kann. Hochglänzend lackiert, matt poliert oder verwittert, geweißelt, gekalkt, mit Maserung oder ohne … herrlich!

SO GEHT'S Wenn ich schöne Möbelstücke kaufe, ist meine erste Überlegung immer, ob man das Stück nicht so lassen kann, wie es ist. Im Foto Details eines Schränkchens: Hier braucht man nichts mehr zu machen, außer es zu reinigen (1), denn das Holz ist schon perfekt, genau so, wie es aussieht.

Wenn ich Holzwurmlöcher sehe, bearbeite ich das Stück zur Sicherheit mit einem Holzwurm-Tod (2). Das verändert den Look nicht, verhindert aber schlimme Überraschungen hinterher. Wenn mir ein Stück noch zu neu und schick vorkommt, lasse ich es für eine Zeit draußen stehen. Dort verwittert es auf natürliche Weise und bekommt oft einen ganz besonderen Charme. Eines meiner Lieblingsstücke ist ein Tisch, der fünf Jahre als Pflanztisch gedient hat. Er hat eine einzigartige echte Patina, wunderschön. Manchmal muss man Kleinigkeiten ausbessern und kann dann das Stück in seiner ganzen Pracht genießen.

GRUNDTECHNIKEN

ECHTE & FALSCHE BALKEN

Altes Gebälk — es gibt wenige Dinge, die so viel Charme verbreiten. Oft sind die Balken etwas krumm oder schief — doch das spielt keine Rolle.

ALTE BALKEN VERSETZEN ODER EINBAUEN

SO GEHT'S Verfügbaren Platz ausmessen. Den Balken zurechtsägen. Die Balken aneinander schrauben, wenn die Verbindung sichtbar sein darf, oder an der Decke befestigen, wenn der Winkel eher unauffällig bleiben soll (1). Dafür große Winkel verwenden, da die Balken recht schwer sind.

MATERIAL

- alte Balken
- Winkel
- Schrauben
- Akkubohrschrauber
- Wasserwaage
- Metermaß
- Stift
- Kreissäge

Schwierigkeitsgrad: mittel

Zeitaufwand: es dauert lange, bis man die Balken gefunden hat — das Einbauen ist dann eigentlich schnell gemacht

Manchmal hat man einen hässlichen T-Träger o. ä. zu verdecken — da kann man dann einfach auch mal so tun, als hätte man einen Balken. Gut gemacht, fällt das nicht auf!

EINEN ALTEN BALKEN IMITIEREN

SO GEHT'S Ausmessen, wie das Holz laufen soll, am Besten eine kleine Skizze anfertigen. Die Bretter zurechtsägen und mit der Patina einfärben **(1)**. Trocknen lassen. Das Holz zusätzlich mit dem Möbelwachs bearbeiten — dieses mit dem Pinsel auftragen und die Reste mit dem Lappen nach 10 Minuten wieder abreiben **(2)**. Fahren Sie so lange fort, bis der gewünschte Farbton erreicht ist. Ich persönlich habe mich an der Farbe der anderen Balken orientiert, sodass der neue Balken nicht heraussticht. Latten anbringen, evtl. in den T-Träger stecken oder bohren **(3)**. Jetzt das erste Brett an die Latten schrauben **(4)**. Mit den weiteren Brettern genau gleich verfahren, bis alle angebracht sind. Die Übergänge nach oben mit Leisten verdecken.

MATERIAL

Sägeraue Bretter
Latten
Patina (Kreul)
„Painting the Past" Möbelwachs in Weiß und Pearl
Wachspinsel und normaler Pinsel
alter Lappen
Schrauben
Akkubohrer
Deckenleisten und entsprechende Materialien, um diese anzubringen (entweder Hammer und Nägel oder Montagekleber)

Schwierigkeitsgrad: mittel
Zeitaufwand: pro Balken ca. drei Stunden

GRUNDTECHNIKEN

HOLZ BEIZEN

Den einzigartigen Look von verwittertem Holz hinzubekommen — das ist gar nicht so einfach. Aber es gibt verschiedene Techniken, die wirklich gute Ergebnisse bringen. Beizen ist dafür meine Lieblingstechnik, weil das Ergebnis einfach jedes Mal anders aussieht.

SO GEHT'S Man setzt eine eigene Beize an, die aus Essig und etwas Stahlwolle besteht (1). Diese lässt man stehen und öffnet immer wieder den Deckel, damit Sauerstoff dazu kommt, bis die Stahlwolle anfängt zu reagieren und sich aufzulösen. Je länger man die Beize ziehen lässt, desto intensiver wird der Farbton. Mit einem dunklen Essig bekommt man eher ein braunes Ergebnis, mit einem hellen Essig ein graues (2). Manchmal ist es auch sinnvoll, die Beize mehrmals aufzutragen, um eine intensivere Färbung zu bekommen. Wichtig ist nur, dass man sie vorher auf der Rückseite des Holzes testet, dann aber nicht zu lange wartet, ehe man weiter arbeitet, wenn einem das Ergebnis gefällt. Denn die Beize verändert sich, und schon eine Stunde später kann der Ton ganz anders aussehen.

Wenn der Effekt weniger intensiv sein soll, kann man zum Schluss noch mit Essig verdünnen. Die Beize wird dann mit der Stahlwolle aufgetragen (3) und man kann

MATERIAL

Gefäß
Essig
Stahlwolle
Pinsel
Wachs
Lappen

Schwierigkeitsgrad: einfach
Zeitaufwand: 1/2 Stunde

zusehen, wie sich das Holz verdunkelt (siehe Video über den Esszimmertisch). Das Schöne daran: Beize ist kein Lack, der auf dem Holz liegt und die Maserung überdeckt. Man sieht die Maserung durch und hat so einen *Weathered-Wood*-Effekt, also die Optik von bewittertem Holz. Um den Effekt zu versiegeln, kann man mit Klarlack überstreichen – das ist aber deutlich sichtbar und immer etwas zu glänzend –, oder aber man kann es mit einem je nach Wunsch farblosen oder farbigen Wachs versuchen **(4)**. Dieses verstärkt den Effekt oft noch und versiegelt die Oberfläche gegen Wasser- und Fettflecken.

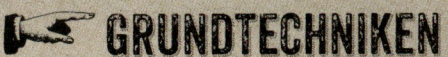

HOLZ & HEISSLUFT

Damit Farbe in großen Stücken abplatzt, kann man eine tolle Technik nutzen.

SO GEHT'S Den Koffer oder das Möbelstück großzügig mit Farbe bestreichen und trocknen lassen (1). Einen etwas helleren Farbton auf ein Stück auftragen (2) und mit dem Heißluftgebläse darauf halten, bis die Farbe Blasen wirft (3). Dann mit dem Messer darüber kratzen, bis die Blasen aufspringen oder abblättern (4). Dort erscheint dann die ursprüngliche Farbe oder die untere, dunklere Farbe, und die Oberfläche wirkt sehr alt und abgenutzt. Wenn der Farbkontrast zu stark ist, kann man die Farbe auch noch etwas verdünnt erneut auftragen.
Die Arbeit mit Heißluft ist im Video hier und an der Duschtür zu sehen.

MATERIAL

Möbelstück oder alter Überseekoffer

Farbe in zwei unterschiedlichen Tonstufen (ich habe Painting the Past „Camouflage" und „Cottage Green" benutzt)

Heißluftgebläse

Pinsel

Messer

Schwierigkeitsgrad: einfach

Zeitaufwand: Truhe ca. zwei Stunden

HOLZ WEISSELN

Der Pinsel fliegt über die Arbeit, und alles wird schön … Alte Möbel machen oft durch einen nicht deckenden, eher unregelmäßigen Farbauftrag auf sich aufmerksam. Und es ist schön, lackierte und andere Möbel zu kombinieren. Deswegen hier eine kleine, aber feine Technik, die sich „Weißeln" oder „Kalken" nennt oder einfach „Trockenanstrich". Sie gibt einem Holz Struktur und Tiefe und arbeitet Maserungen ganz deutlich hervor.

SO GEHT'S Das Möbelstück erst beizen oder in einem dunkleren Farbton lasieren oder streichen und trocknen lassen. Dann mit einem trockenen Pinsel etwas Farbe aufnehmen und in leichten, flächigen Bewegungen über das Möbelstück bewegen (1). Den Pinsel an den Rändern leicht hin- und herfahren, sodass auch sie Farbe abbekommen. An größeren Stücken den Pinsel immer wieder neu ansetzen, damit keine Flecken entstehen.

» TIPP: Maltechniken sind einfacher zu verstehen, wenn man sie „live" in Aktion sieht. Hier ein kurzes Video zu dieser Technik.

MATERIAL

Möbelstück
helle Farbe
trockener Pinsel

Schwierigkeitsgrad: **einfach**
Zeitaufwand: **eine Stunde**

GRUNDTECHNIKEN

HOLZ – SPRÜHFARBE

Eine weitere einfache Vintage-taugliche Technik ist das Sprühen mit Farbe.

SPRÜHEN

SO GEHT'S Sprühfarbe benutzt man, wenn man mit dem Pinsel kein ebenmäßiges Ergebnis erzielt, weil man zum Beispiel nicht überall hingelangt. Beim Setzkasten rechts haben wir versucht zu streichen, aber das Ergebnis war unbefriedigend. Deswegen habe ich mir Kupfer-Sprühlack besorgt und das Ganze noch mal besprüht. Am besten ist es, wenn man einmal horizontal und einmal vertikal sprüht und einen gleichmäßigen Abstand einhält, sonst erhält man hässliche Nasen. Der Lampenfuß wurde erst von Hand abgeschmirgelt (1), dann gereinigt und schließlich angesprüht (2). Jetzt noch einen guten Schirm finden – fertig ist ein stylisches Lämpchen!

>> **TIPP:** Sprühfarbe eignet sich gut für Setzkästen, Körbe, Korbsessel, Metall, Gitter, kleinere Flächen, tiefe Flächen, Rahmen etc.

MATERIAL

Möbelstück zum Besprühen

Schleifpapier

Sprühfarbe Kupfer

große Unterlage

Schwierigkeitsgrad: einfach, wenn man den Dreh raus hat

Zeitaufwand: eine Stunde

GRUNDTECHNIKEN

HOLZ – SCHLEIFEN & FARBE

Ein bisschen Farbe und schon ein neuer Look – Möbeln fällt es leicht, sich zu verwandeln! Um alte Möbel aufzuarbeiten oder Möbel in der Shabby-Technik zu gestalten, lohnt es sich auf jeden Fall, in ein gutes Schleifgerät zu investieren, das großflächig und ausdauernd schleifen kann. Damit kann man praktisch aus jedem noch so hässlichen Möbelstück etwas Tolles zaubern.

ABSCHLEIFTECHNIK

MATERIAL

Schleifgerät
Handschuhe
Möbelwachs
Lappen

SO GEHT'S Wenn der Farbauftrag sehr flächig ist, wirkt ein Möbelstück oft zu perfekt, schwer und plump. Durch dunkle Konturen, die man mit dem Schleifgerät herausarbeitet, bekommt das Möbelstück eine gewisse Leichtigkeit. Den Schleifer leicht schief ansetzen und an allen Rändern entlang gehen **(1)**. An den Stellen, an denen man außerdem dunklere Flecken erreichen will, zusätzlich schleifen.
Diese Technik ist auch im Video zu sehen.

Ich weiß, man sieht es überall, aber große Tafeln sind wirklich toll. Groß und Klein lieben es, sich darauf zu verewigen.

TAFELLACK

SO GEHT'S Man braucht dazu nur einen ebenen Untergrund, das kann eine Wand, eine Tür oder ein Regalboden sein. Darauf streicht man kreuzweise zwei oder mehr Schichten Tafellack (1). Gut einen Tag durchtrocknen lassen, mit der weißen Kreide die komplette Tafel einmal beschichten (2) und sie in kreisenden Bewegungen gründlich einreiben, damit später keine Schatten entstehen oder sich Worte nicht mehr entfernen lassen. Jetzt kann man loslegen!

MATERIAL

Tafellack (unser Lieblingslack ist von Marabu)

Kreide

Pinsel oder Farbrolle

Schwierigkeitsgrad: einfach

Zeitaufwand: je nach Fläche

GRUNDTECHNIKEN

VASELINE-TECHNIK

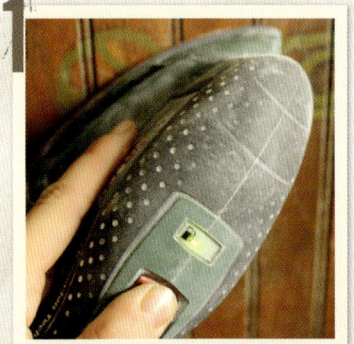

SO GEHT'S Die Variante mit Vaseline: Möbelstück gut abschleifen, sodass das Holz aufgeraut ist. Dafür Schleifpapier der Körnung 60 oder 80 verwenden (1). Das Möbelstück danach gut reinigen, weil Schleifstaubreste die Lackschicht unregelmäßig erscheinen lassen oder gar verfärben können. Das Möbelstück dann in einer dunklen Farbe komplett oder an den Rändern streichen (2) und trocknen lassen. Dann an den Rändern entlang Vaseline auftragen (3). An diesen Stellen nimmt das Möbelstück keine Farbe an, und die vorher aufgetragene dunklere Farbe bleibt sichtbar. Dann die nächste Farbe auftragen (4). An den Rändern entlang die Vaseline abwischen. Dafür eignet sich ein Schaber sehr gut (5). Das Möbelstück zum Schluss mit einem dunklen Möbelwachs wachsen (6).

Diese Technik ist auch im Video zu sehen.

MATERIAL

Multischleifer

Schleifpapier

schwarze Farbe

"Painting the Past" Möbelfarbe in einem Grünton

Vaseline

Schaber

"Painting the Past" Wachs in Carbon

Schwierigkeitsgrad: einfach

Zeitaufwand: eine Stunde

GRUNDTECHNIKEN

METALL – ROSTEN LASSEN

Wie man richtigen Rost erhält, ohne lange zu warten …

Metall ist ein unentbehrliches Material für den Industrielook, den wir so lieben. Und das Metall sollte – genau wie das Holz – am besten alt und gebraucht aussehen. Um das zu erreichen, kann man das Material natürlich einfach eine Weile draußen lagern, da es dann rostet. Wenn man sehr viel Zeit hat, kann man das Material auch gerne schleifen, in Essig einlegen und warten. Das dauert etwa zwei Wochen. Ebenso kann man den Effekt mit Rostfarbe vortäuschen, sie gibt es im Modellbaufachhandel.

Ich fand das alles entweder zu lang – mal ehrlich: Wer wartet gerne monatelang auf seine Möbel? – oder zu unecht. Dann entdeckte ich „Modern Options", eine Methode, die mir richtig gut gefällt. Die Firma Modern Options konzentriert sich auf Patina, sei es Grünspan oder Rost, und hat Wege gefunden, die chemischen Reaktionen zu beschleunigen.

SO GEHT'S Das Gefäß mit dem Alkohol gut reinigen (1). Die Arbeitsunterlage abdecken, da die Flüssigkeit sehr intensiv wirkt – unbedingt auch Handschuhe tragen. Die Fläschchen vor dem Öffnen immer gut schütteln. Dann mit dem Pinsel die Eisengrundierung auftragen (2). Nach einer halben Stunde wiederholen. Dann einen ganzen Tag trocknen lassen – es ist wirklich wichtig, dass man sich daran hält.

Jetzt hat man ein Gefäß, das weißlich aussieht (3) und nach einiger Zeit ebenfalls langsam zu rosten beginnt. Ich finde diesen Effekt auch schon sehr schön und wende ihn immer wieder gerne an. Dann kann man weiter machen und mit dem Pinsel die Oxidationslösung darüber auftragen, mal dicker, mal weniger dick (4). Anschließend wartet man so lange, bis das gewünschte Ergebnis erreicht ist. Um weiterem Rosten vorzubeugen, noch einmal alles mit Grundiermittel/Firnis versiegeln. Ist das nicht ein tolles Material?

MATERIAL

Alkohol

„Modern Options" Eisengrundierung, Oxidationslösung und eventuell Firnis

Zinkgefäße o. ä.

Pinsel, Lappen

Plastikgefäße

Schwierigkeitsgrad: mittel

Zeitaufwand: ohne Wartezeiten je Schicht zehn Minuten

GRUNDTECHNIKEN

METALL IMITIEREN

SO GEHT'S Buchstaben oder Zeichen in größeren Formaten ausschneiden und mit Papier unterlegen. Dann mit dem Pinsel die erste Farbe auftragen (1). Dabei nicht die gesamte Fläche, sondern nur Teilbereiche bemalen und gut trocknen lassen. Mit der zweiten Farbe weitere Bereiche anmalen (2). Mit der dritten Farbe wieder andere Bereiche streichen (3) und mit dem Spray oder mit dem Pinsel kleine Kleckse aus schwarzer Farbe spritzen (4). So lange weitermachen, bis der Eindruck von Metall entstanden ist.

MATERIAL

Papier oder Karton

Farbe in Silber, Kupfer, Braun und Schwarz

evtl. Sprühfarbe in Schwarz, Pinsel

Schwierigkeitsgrad: einfach

Zeitaufwand: ohne Trocknungszeiten je Schicht zehn Minuten

>> **TIPP**: Schauen Sie sich die dreidimensionalen Buchstaben an, die mit diesem Fake-Metall-Look veredelt sind – da sieht man gar nicht mehr, dass es einfaches bemaltes Pappmaché ist, so massiv wirken die!

TERRAKOTTA ALTERN

Neue rote Terrakotta passt ebenfalls so gar nicht in unser Vintage-Schema, stimmt's? Aber sie auf natürliche Art altern zu lassen, ist auch nicht so einfach. Ich habe fünf Techniken durchprobiert, die mir empfohlen wurden, aber keine hat funktioniert. So musste ich mir selber helfen. Sie können es also gerne mit Joghurt, Buttermilch, Backpulver oder Gartenkalk probieren – die hier gezeigte Technik mit Farbe wirkt auf jeden Fall superschnell und ist sehr effektiv.

SO GEHT'S Die Tontöpfe gut abschleifen (1). Auf einem Papier mit dem Spray außen und innen absprühen (2). Die Masse antrocknen lassen. Nach einiger Zeit mit dem Finger über manche Stellen reiben, damit sich die Farbe verteilt und die Bröckchen auflösen (3). So lange weitermachen, bis der gewünschte Effekt erreicht ist. Wenn man möchte, kann man auch noch mit normaler Farbe Moos und ähnliches vortäuschen.

MATERIAL

Tontöpfe
Granit-Spray von Duplicolor
Schleifpapier

Schwierigkeitsgrad: einfach
Zeitaufwand: eine Stunde

GRUNDTECHNIKEN

ALTE SÄCKE NÄHEN

Was war da schon alles drin in diesen Säcken, und wo waren sie unterwegs?

Ganz verschiedene Materialien werden in Säcken befördert oder aufbewahrt: Kaffee, Kartoffeln, Zucker oder Post. Von diesen gebrauchten Säcken sind noch zahlreiche in Umlauf – das machen wir uns prompt zunutze und setzen die alten Stoffe auf etwas ungewöhnliche Art ein.

SO GEHT'S Für die **Kissenhülle** die benötigte Größe ausmessen und ein Teil in der Größe des Kissens plus 2 cm Nahtzugabe zuschneiden. Für die Rückseite zwei Teile zuschneiden, die jeweils etwas mehr als die Hälfte des Kissens hoch sind. Nun die beiden „halben" Teile rechts auf rechts auf das Vorderteil stecken und an den Seiten festnähen. An der Öffnung der Stoffhälften ein Klettband anbringen.

Für den **Sichtschutz** von Seite 97 Säcke auf die passende Größe schneiden und den Saum mit Stecknadeln feststecken **(1)**. Mit der Nähmaschine um den Rand nähen **(2)**. Am oberen Rand ein Klettband annähen – dabei muss der Abstand dem Umfang der Metallstange entsprechen, auf die der Sichtschutz später gezogen wird **(3)**.

Für den **Vorhang** entsprechend der Stange einen Sack umschlagen und feststecken. Dann nähen und über die Vorhangstange ziehen **(4)**.

MATERIAL

Alte Postsäcke, alte Kaffeesäcke, alte Jutesäcke

Nähmaschine

Nähgarn

Klettband

Haltestange

Kissen

Schere, Maßband

Stecknadeln

Schwierigkeitsgrad: mittel

Zeitaufwand: je nach Größe ab einer Stunde

GRUNDTECHNIKEN

SPIEGEL ALTERN

Spieglein, Spieglein an der Wand, du funkelst so neu und makellos … Ein neuer Spiegel ist etwas Schönes, gewiss, aber man sieht ihm so deutlich an, dass er neu ist. Das passt so gar nicht in unser Konzept als Vintage-Lover, nicht wahr? Für uns läuft der natürliche Alterungsprozess einfach zu langsam ab, und deshalb helfen wir doch lieber etwas nach.

SO GEHT'S Den Spiegel aus seinem Rahmen herausnehmen (1) und mit Pinselreiniger die Beschichtung auf der Rückseite an einigen Stellen entfernen (2). Bei älteren Spiegeln reicht etwas Salzsäure – damit aber sehr vorsichtig arbeiten, damit die Säure nirgendwo anders hingelangt, und unbedingt Handschuhe tragen! Die Säure löst die Spiegelfarbe von selbst auf und man muss nur etwas nachkratzen (3). Bei neueren Spiegeln ist die Schicht oft dicker und man muss länger reiben und kratzen (4). Wenn die Farbe an manchen Stellen weg ist, den Backofenreiniger darauf sprühen und kurz einwirken lassen (5). Er entfernt die Schicht, die den Spiegel zum Spiegel macht, und lässt ihn durchsichtig werden (6). So lange weitermachen, bis der Effekt natürlich aussieht und gefällt. Wenn man möchte, kann man jetzt von vorne noch schwarze oder dunkle Spritzer anbringen, das vertieft den Look. Den Spiegel wieder in den Rahmen setzen und aufhängen!

MATERIAL

Spiegel

Salzsäure (25%) aus dem Baumarkt

Pinselreiniger

Backofenreiniger

Messer

evtl. alte Papiere zum Hinterlegen

evtl. etwas Sprühfarbe, um noch zusätzlich von vorne den Effekt zu verstärken

Schwierigkeitsgrad: einfach

Zeitaufwand: drei bis vier Stunden

TIPP: Ich habe an verschiedenen Spiegeln gearbeitet und festgestellt, dass die Beschichtungen sehr unterschiedliche Stärken besitzen. Die Technik funktioniert bei jedem Spiegel, aber bei manchen muss man viel mehr kratzen und schrubben als bei anderen. Also: Geduld!

GRUNDTECHNIKEN

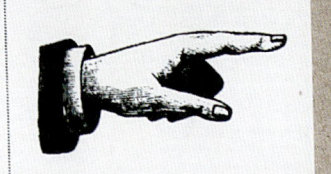

PROJEKTE IM WOHNRAUM

Vor ungewöhnlichen Wänden mit Uralt-Feeling trifft im Wohnzimmer bei uns momentan Leder auf Metall und gaaaaanz altes Holz!

Schwarz, Braun und Olivgrün sind unsere Farben

Ein Wohnzimmer muss praktisch und Spielgeräte müssen greifbar sein

Kerzen und Lichter kann man nicht genug haben!

Alles offen – so lieben wir's

PROJEKTE IM WOHNRAUM

≫ SPOTLIGHT SAMMELN

Ich glaube, jeder Liebhaber von alten Dingen, sei es jetzt ein 60er-Retro-Fan oder eine romantische Shabby-Anhängerin, wird mir bestätigen, dass man einen entsprechenden Wohnstil nicht über Nacht hinbekommt. Denn alle Vintage-Stilrichtungen leben ja davon, dass man wirklich alte Dinge findet, erbt oder sammelt. Alles mit neuen Dingen einzurichten, die auf alt getrimmt wurden, funktioniert natürlich ebenfalls, aber damit nimmt man sich eine Menge Spaß. Vintage-Wohnen bedeutet nämlich auch, dass sich alles immer ein bisschen im Wandel befindet. Mal entdeckt man ein perfektes Tischchen, dann muss eben etwas anderes raus. Oder man bekommt einen tollen Rahmen geschenkt – und schon wird die Einrichtung diesem neuen Stück etwas angepasst. Es bleibt also spannend. Eine der häufigsten Fragen, die mir gestellt werden, lautet: „Woher bekommst du die ganzen alten Sachen?" Hier meine Insidertipps:

1. SECONDHAND-LÄDEN

Ich habe die meisten meiner alten Stücke auf Streifzügen durch französische Secondhand-Möbelläden gefunden. In 90 Prozent aller Fälle bin ich losgezogen, ohne einen Plan zu haben, und bin mit einer tollen Überraschung heimgekommen. Die Vorteile von Läden: Sie haben immer auf, oft stehen die Preise fest (gut bei mangelnden Fremdsprachenkenntnissen), und man hat Zeit, sich zu überlegen, ob man ein bestimmtes Stück für diesen Betrag auch wirklich möchte.

2. FLOHMÄRKTE

Ich liebe Flohmärkte und gehe gern dorthin, wenn ich kann. Auch hier findet man immer wieder tolle Kleinigkeiten. Vintage ist aber im Moment sehr hip, also ist es hier oft schwierig, ein Schnäppchen zu machen.

Die Vorteile von Flohmärkten: Man kann handeln, wenn einem das liegt. Wenn man kurz vor Ende hingeht, wollen die Leute oft alles loswerden – so habe ich auch schon Sachen geschenkt bekommen. Und man hat das Gefühl eines „Happenings". Ich finde allerdings den Zeitdruck oft hinderlich, weil ich dann Angst habe, jemand schnappt mir etwas weg. Deswegen liegen mir persönlich die Geschäfte eher.

Grundsätzliche Tipps:

Überlegen, welche Materialien und Gegenstände zum gewählten Stil passen. Meine Vintage-Wecker z. B. sind so schön männlich, metallisch, industriell. Ballettschuhe dagegen finde ich zwar schön, aber sie passen nicht zu meinem Stil.

Zeit lassen: Sammlungen entstehen nicht über Nacht, sondern sie entwickeln sich. Das ist ja gerade das Schöne am Sammeln.

Bühnen bauen: Wenn ich tolle alte Dinge besitze, sollte ich mir auch immer wieder überlegen, wie ich sie präsentiere, damit sie wirklich glänzen können.

Wichtig beim Flohmarkt ist es, früh da zu sein und am besten spät auch noch einmal, vorher zu wissen, wie man Dinge transportiert, und auch schon Preise für Gegenstände im Kopf zu haben, damit man wirklich ein Schnäppchen macht.

3. SAMMLUNGEN

In vielen Orten gibt es ein „Bring und Hol"-Angebot. So oft gibt es die Dinge, die mich begeistern, zum Nulltarif, weil eben doch viele Menschen auf „ganz neu" stehen. Hier lohnt es sich, sich einfach auf den Weg zur Sammelstelle zu machen. Oder man spaziert durch die Nachbarschaft, wenn Sperrmüll ist, und schaut beim Recyclinghof in die Tonnen, ob darin noch etwas Tolles zu finden ist.

4. ONLINE

Gerade bei Dingen, die nicht häufig sind, setze ich auf Online-Käufe. Ebay-Kleinanzeigen und Ebay sind dafür wirklich geniale Seiten. Die Kleinanzeigen sind gut, wenn man warten kann und die Suchfunktion nutzt. Damit kann man sich kontaktieren lassen, sobald ein Artikel online geht, den man gerne haben möchte. Ebay eignet sich gerade auch dazu, einen Einblick zu bekommen, wie viel die Menschen da draußen für einen Artikel zu zahlen bereit sind.

Ganz wichtig: Beschreibungen genau durchlesen, damit man sicher sein kann, ein Schnäppchen zu machen. Auch erst einige Aktionen beobachten, damit man beim richtigen Angebot zuschlagen kann. Es ist doch sonst schade, wenn man merkt, dass man viel zu viel bezahlt hat.

5. BEKANNTE

Seitdem ich Vintage lebe, fragen mich oft Leute, ob ich alte Dinge möchte, die sie gefunden haben oder aussortieren. Dabei waren auch perfekte Stücke.

PROJEKTE IM WOHNRAUM

PALETTENWAND

Möbel baut man ja oft aus alten Europaletten, wir haben sie auch zum Raumschmuck gemacht.

SO GEHT'S Die Paletten zerlegen: Mit dem Flachmeißel einen Spalt herstellen, mit dem Brecheisen hineinfassen (1) und die Nägel heraushebeln. Die überstehenden Nägel abflexen (2). Die Paletten gründlich reinigen. Die Wand ausmessen und die Paletten an die Wand schrauben (3), eine bündig an die andere. Die seitlichen Paletten dann passend zusägen. Zum Schluss mit stark verdünnter Latexfarbe und einem Lappen die Paletten weiß tünchen (4).

MATERIAL

einige alte Paletten
Winkelschleifer
Brecheisen oder Nageleisen
Flachmeißel oder Beitel
Hammer
Wasser
Latexfarbe in Weiß
Schrauben, Dübel
Akkubohrer
Lappen
Stichsäge

Schwierigkeitsgrad: mittel
Zeitaufwand: ein halber Tag

HEIZKÖRPER IN NEUEM LOOK

Wer sagt, dass Heizungen immer nur langweilig weiß sein müssen?
Da lassen wir uns doch nichts vorschreiben! Pinke Heizungen stellen wir uns z. B. heiß vor. Aber für unseren Industrielook müssen sie schwarz sein wie die Fensterbänke.

SO GEHT'S Den Heizkörper von innen gut reinigen (1). Dafür Wasser hineinlaufen und hinten wieder herausfließen lassen. So lange spülen, bis das Wasser klar ist. Den Heizkörper außen mit Hochdruck reinigen (2). Jetzt mit dem Pinsel an den Stellen vorstreichen, die man mit der Pistole nicht erreicht. Dann mit der Lackierpistole erst senkrecht, dann waagerecht Farbe aufsprühen (3), dabei mit sehr gleichmäßigen Bewegungen arbeiten. Den Heizkörper gut trocknen und von Fachleuten anschließen lassen.

MATERIAL

Heizkörperlack (den es nur in Weiß, Beige oder Hellgrau gibt), sonst normalen Buntlack
Lackierpistole
Wasserschlauch zum Durchspülen
Pinsel

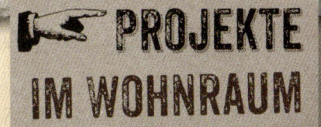

PROJEKTE IM WOHNRAUM

BACKSTEINWAND HERAUSHOLEN

Mit viel Anstrengung holt man unter Tapete, Gips und Mörtel eine wahre Schönheit hervor ...

SO GEHT'S Mit dem Mauerhammer, einem Spachtel, einer Kelle oder mit Hammer und Meißel die Schicht Wand über dem Backstein vorsichtig nach und nach weghauen (1). Eventuell kann man das auch mit einer großen Schlagbohrmaschine grob machen, allerdings hier bitte testen, ob man nicht den darunter liegenden Stein beschädigt – gerade alter Backstein ist oft porös und dadurch anfällig. Ich habe nach einigen Versuchen alles von Hand gemacht. Auch beim Hammer muss man darauf achten, dass man den Stein nicht beschädigt (2). Mit einer Bürste nachreinigen (3).

>> **TIPP**: Hier sieht man eine Backsteinwand, die wir einfach so belassen haben. Sie rieselt etwas, aber damit können wir leben: So sieht sie authentischer aus, als wenn man sie neu verputzt! Einen Kamin haben wir aber komplett mit feuerfestem Mörtel verfugt. Das war wegen des Abzugs unumgänglich.

MATERIAL

Maurerhammer

Hammer

Spachtel

Maurermeißel, Fugenmeißel (wenn man zumachen möchte)

Schwierigkeitsgrad: mittel bis schwer, je nach Wand

Zeitaufwand: sehr hoch. So etwas macht man nur, wenn man wirklich davon überzeugt ist, da es körperlich harte Arbeit ist, viel Schmutz erzeugt und ewig dauert. Dafür ist das Ergebnis wunderschön, und es kostet kein Geld!

PROJEKTE IM WOHNRAUM

BRUCHSTEINWAND HERAUSHOLEN

SO GEHT'S Mit dem Mauerhammer, einem Spachtel, einer Kelle und mit Hammer und Meißel die Schicht Wand über dem Bruchstein vorsichtig nach und nach weghauen (1). Eventuell kann man das auch mit einer großen Schlagbohrmaschine grob machen, allerdings hier bitte testen, ob man nicht den darunter liegenden Stein beschädigt. Auch beim Hammer muss man darauf achten, dass man den Stein nicht beschädigt (2). Mit einer Bürste nachreinigen (3). Mörtelfugen auskratzen, ca. 2 cm tief (4). Die Steine gut reinigen, mit Wasser befeuchten (5). Mit einem Mörtel verputzen (6). Dann die Steine gut reinigen (7). Eventuell noch einmal grundieren, damit die Steine später gut abzuwaschen sind. Wir haben ein Video gedreht, um den Ablauf besser zu zeigen. Schauen Sie sich das mal an.

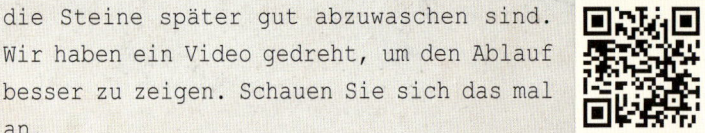

MATERIAL

Maurerhammer, Hammer

Spachtel

Maurermeißel, Fugenmeißel

Lappen, Schwamm

Grundierung

breiter Pinsel oder Spritzflasche

Schwierigkeitsgrad: schwer

Zeitaufwand: sehr hoch. Sowas macht man nur, wenn man wirklich davon überzeugt ist, da es eine körperlich harte Arbeit ist, total schmutzig und ewig dauert! Meine Schwiegermama hatte da die Nerven und Liebe für ... ich glaube, ich hätte sonst irgendwann aufgegeben!

TIPP: Wir haben gesehen, dass es tolle unterschiedlich farbige Naturstein-Mörtel zu kaufen gibt, die waren uns aber zu teuer. Wenn Sie einen anderen Farbton wollen (Sand/helleres Grau/Schwarz), ist das mit dem entsprechenden finanziellen Einsatz auch gut möglich.

PROJEKTE IM WOHNRAUM

RATZEWAND

Je älter und benutzter eine Wand aussieht, desto cooler kann das wirken!

SO GEHT'S Als Erstes die Wand einigermaßen von der Tapete befreien **(1)**. Komplett muss es noch nicht sein, da man an manchen Stellen mit etwas Farbe drüber gehen kann und dann erst die Tapete ablöst. Man erhält so einen Effekt, wie im Kapitel „Distresswand" beschrieben. Beim Tapeten-Ablösen die Stachelwalze verwenden, dann bekommt man interessante kleine Punkte, wie in **(2)** zu sehen. Nun mit dem Spachtel an einigen Stellen einfach mehr von der Wand herunterholen. Das geht bei bröckeligem, losem Putz sehr einfach, sonst muss man mit dem Maurermeißel oder Maurerhammer nachhelfen. Wenn alle Löcher und Unebenheiten so sind, wie man es möchte, verstärkt man mit Farben den an eine venezianische Wand erinnernden Effekt. Dafür Teile mit Braun abdunkeln, evtl. mit dem Pinsel spritzen. Mit dem Beton-Optik-Glätter gerade Streifen aufbringen **(3)**. Danach den etwas harten Look von Schwarz und Braun mit stark verdünntem Beige auf einem Schwamm wieder absoften **(4)**. Zum Schluss mit dem Spachtel noch einmal kratzen, damit mehr Weiß zum Vorschein kommt **(5)**, eventuell auch ein Stück der Wand mit stark verdünntem Weiß aufhellen. Da das Ganze eine Spielerei ist, haben wir ein Video gedreht, in dem Sie mich in Aktion sehen können und ich noch einmal einiges vom Ver-Ratzen erkläre und zeige!

>> **TIPP:** Bei uns waren nicht alle Wände farblich gleich, teilweise waren Wände auch noch mit anderem Material begradigt worden. Um den richtigen Beige-Farbton zu bekommen, habe ich deshalb zwei abgeblätterte Stücke, ein helleres und ein dunkleres, mit in den Baumarkt genommen und dort abscannen lassen. Danach kann man sich nämlich genau den Ton mischen lassen, den man braucht!

MATERIAL

Spachtel

Stachelwalze

Hammer

Maurerhammer

Maurermeißel

weiße, beige, braune und schwarze Farbe

Kupfer-Farbe

Pinsel

„Schöner Wohnen" Beton-Optik-Glätter

Schwamm.

Schwierigkeitsgrad: mittel

Zeitaufwand: pro Wand ein halber bis ein Tag (je nach Tapete)

PROJEKTE IM WOHNRAUM

DISTRESS-WAND

Keine alte Wand vorhanden, die man so schön behandeln kann wie unsere Ratze-Wand? Für diesen Fall gibt es die einfache, aber sehr effektive Distress-Wand, die auch auf neuen Wänden perfekt funktioniert. Nur eine Tapete sollte schon vorhanden sein, die man dann ablösen kann.

SO GEHT'S Die Wand komplett von Tapetenresten befreien. Dafür mit der Stachelwalze perforieren und mit Wasser und Tapetenablöser besprühen. Gut einwirken lassen. Dann die Tapete mit dem Spachtel ablösen (1). Einige Reste unregelmäßig verteilt auf der verputzten Wand belassen und mit Farbe drüber streichen (2). Im noch feuchten Zustand die Reste jetzt abspachteln (3). Die Stellen, an denen noch Tapete klebte, bleiben so als dunkle Flecken auf der feinen weißen Wand. Einfacher geht es nicht!

MATERIAL

Spachtel
weiße Farbe
Pinsel, Roller
Wasser

Schwierigkeitsgrad: einfach

Zeitaufwand: pro Wand ca. zwei Stunden zum Ablösen und eine Stunde zum Anmalen. Außerdem eine halbe Stunde zum Ablösen der Resttapete

EINEN RUSTIKALEN ESSTISCH BAUEN

So richtig viele Leute sollen an unseren Tisch passen – deswegen bauen wir ihn uns lieber selbst, als ihn teuer zu kaufen …

SO GEHT'S Das Holz für die Tischplatte so anordnen, wie man es später haben möchte, dann alle Bretter umdrehen **(1)**. Vier Verbindungshölzer im gleichen Abstand auflegen und festschrauben **(2)**. Die äußeren Bretter haben wir ca. 50 cm von der Tischkante entfernt festgeschraubt. Sie markieren auch den Abstand zum Gestell. Damit erhält man ausreichend Beinfreiheit, wenn man am Kopfende des Tisches sitzt. Jedes Brett wird mit drei Schrauben befestigt, so wird die Tischplatte sicher stabil. Die Platte oben und unten glatthobeln **(3)**. Dann die Kanten hobeln **(4)**.

weiter auf Seite 64

MATERIAL

Alte Bretter und Balken, Zargenbretter

Schrauben

Essig und Stahlwolle für die Beize

„Painting the Past" Möbelwachs in „Pearl"

alter Lappen

Wachspinsel

Akkuschrauber

Hobel

Schleifgerät mit Schleifpapier der Körnungen 100 und 160

Schwierigkeitsgrad: schwierig

Zeitaufwand: ein Tag

PROJEKTE IM WOHNRAUM

Jetzt den Esstisch erst mit gröberem, dann feinerem Papier abschleifen, bis wirklich keine Gefahr mehr besteht, dass man sich Splitter holt (5). Die Tischplatte beizen (6). Dafür mit dem Rest der Stahlwolle oder einem Tuch die Essig-Stahlwolle-Mischung auftragen und trocknen lassen – man kann den Effekt wirklich sehen (siehe auch Video)!

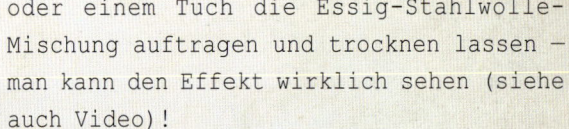

Während der Tisch trocknet, kann man das Gestell bauen. Balken zusägen, sodass man sie als Tischbeine verwenden kann. Die Zargenbretter abmessen und an die Beine schrauben (7). Wichtig ist hier, dass man möglichst exakt arbeitet. Die Länge der Querzargenbretter entspricht der Länge der Verbindungsbretter plus der Stärke der Zargenbretter. Für die Längszargenbretter misst man den Abstand zwischen den Innenkanten der beiden äußeren Verbindungsbretter. Wenn man gut gearbeitet hat, passt die Platte exakt auf das Gestell. Jetzt die Platte mit kleinen Winkeln am Gestell festschrauben (8). Dann die Platte wachsen (9), um spätere Wasserflecken oder -ränder auf dem Holz zu vermeiden.

>> **TIPP**: Damit die Tischfüße wirklich alle gleich lang und eben sind, haben wir sie in einer Schreinerei sägen lassen. Das Holz stammt von alten Dachsparren, die wir aufgehoben hatten.

>> **TIPP:** Diese Kerzenständer sind aus Beton selbst gemacht. Dafür haben wir einfach PET-Flaschen mit einer Mischung aus Sichtbeton und Mörtel gefüllt und ein Förmchen in Teelichtgröße hineingesteckt. Eine genaue Anleitung und viele weitere Betonprojekte finden Sie auf www.artisserie.net

PROJEKTE IM WOHNRAUM

MIT HOLZ VERKLEIDEN

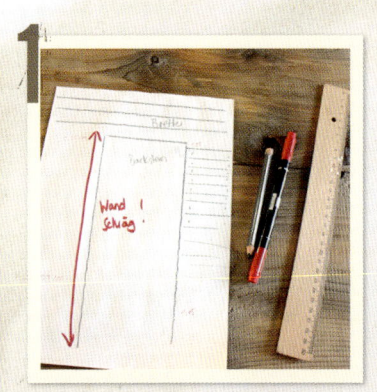

Wenn man nicht alles sehen soll, was unter einer Wand verläuft, dann baut man eine Verkleidung aus Holz.

SO GEHT'S Planen, wie lang das Holz an beiden Seiten der Backsteinwand sein soll (1). Dabei auch berücksichtigen, was verdeckt werden soll bzw. welche Tiefe die Elemente haben. Bei uns liefen Rohre über der Wand, die sehr dick waren, dementsprechend tief musste natürlich unsere Wand sein. Das auch bei der Wahl der Kanthölzer beachten! Lattung setzen, wie im Kapitel „Konter-/Lattung" beschrieben. Bretter passend zusägen. Dabei darauf achten, dass die Wand evtl. schief ist, also nicht alle Bretter gleich lang schneiden, sondern immer wieder neu messen. Die Bretter anschrauben (2), beizen und trocknen lassen (3). Die gebeizten Bretter mit Latexfarbe und Wasser abwischen, sodass sie leicht weißlich werden (4).

MATERIAL

Bretter, alt oder neu

Kanthölzer für die Lattung

Schrauben, Akkuschrauber

Wasserwaage

Essig und Stahlwolle für die Beize

Latexfarbe in Weiß

Wasser

alter Lappen

Kappsäge

Stift

Schwierigkeitsgrad: einfach

Zeitaufwand: für eine Wand, wie hier zu sehen, ein halber Tag

TIPP: Wenn man möchte, kann man die Bretter auch nur beizen und nicht weißeln, wie hier im Bild zu sehen.

PROJEKTE IM WOHNRAUM

GARDEROBE MIT FOTOTRANSFER

Unsere 50er-Jahre-Leinwandhelden passen auf Jacken, Taschen und Krimskrams auf – cool, oder?

SO GEHT'S Holz mit dem Fototransfermaterial bestreichen (1). Das Papier auf der Druckfläche mit dem Transfermaterial einpinseln (2), vorsichtig mit der Druckfläche nach unten auf das Holz legen und alles glattstreichen (3). Luftblasen vorsichtig herausdrücken. Das Ganze über Nacht trocknen lassen. Das Papier dann mit einem recht feuchten Schwamm einweichen. So lange reiben, bis sich das Papier ablöst (4). Dafür den Schwamm immer gut feucht halten und so lange weitermachen, bis alle weißen Flecken entfernt wurden. Die Leisten auf Gehrung zusägen und hellgrau lackieren (5). Die Leisten um das Bild herum anordnen und mit Holzleim festkleben (6). An der Rückseite der Garderobe auf Höhe der zukünftigen Haken Latten zur Verstärkung anbringen. Auch oben und unten je eine anbringen, damit die Garderobe später gerade hängt (7). Vier Löcher für die Haken bohren. Die Haken anbringen und die Garderobe aufhängen.

MATERIAL

3 Spanplatten
ca. 1,20 x 0,45 m

„Painting the Past"
Kreidefarbe in „Cotton
White" und Lack in
Lichtgrau

ca. 4,50 lfd. m Zier-
leisten, auf Gehrung
geschnitten in je 6 Teile
zu ca. 297 und ca. 420 mm

Kleiderhaken
(von IB Laursen)

Schrauben

3 Aufhängungen

weicher Haushaltsschwamm

Holzkleber

3 Laser-Drucke mit
Schwarzweiß-Bildern
in DIN A3

Fototranfer-Potch
(von C. Kreul)

Akkuschrauber

Lackrolle und -pinsel

Gehrungslade

Handsäge

breiter Pinsel

Schwierigkeitsgrad: mittel

Zeitaufwand: ein halber Tag
zzgl. Trocknungszeit

PROJEKTE IM WOHNRAUM

ICH KLEB MIR EINE TÜR

Alte Türen sind wunderschön, aber schwer zu bekommen und oft extrem teuer. Häufig passen sie dann nicht einmal von den Maßen her. Oder sie sind zu schwer, oder, oder, oder ... Das kann uns aber ganz egal sein, seit es die genialsten Türsticker gibt, die man sich nur vorstellen kann. Damit kann jede 08/15-Tür zum absoluten Hit werden!

SO GEHT'S Die Tür gut reinigen, sodass sie ganz glatt und völlig fettfrei ist (1). Den Türsticker locker auflegen und an einem Türrand (oben oder unten) mit Klebeband fixieren (2). Den Türsticker jetzt in der Mitte umschlagen (3). Schutzfolie oder Schutzpapier bis zur Mitte abziehen und abschneiden, sodass man nur noch den Sticker in den Händen hält (4). Mit ruhigen, gleichmäßigen Bewegungen den Sticker auf der Tür feststreichen (6). Dabei sollten Luftblasen sofort ausgestrichen werden. Von der Mitte zum Rand vorarbeiten (5 + 6). Jetzt das Klebeband wieder abtrennen und die zweite Seite umklappen. Wieder die Folie abziehen und den Sticker ankleben. Mit dem Cutter direkt am Türrand den Überstand abschneiden (7). Dabei eine Aluschiene zur Hilfe nehmen, um einen geraden Schnitt zu erhalten.

MATERIAL

alte Tür

Türtapete (von A.S. Création)

Schöner Wohnen Beton-Optik-Glätter

Putzmittel, Klebeband

Aluschiene, Cutter

Schwierigkeitsgrad: einfach

Zeitaufwand: pro Tür eine Stunde

4

5

6

7

PROJEKTE IM WOHNRAUM

71

PROJEKTE IM SCHLAFZIMMER

Projekte für Ruhe und Ordnung sind im Schlafzimmer ganz wichtig. Schließlich wollen wir hier runterkommen und nicht aufgeregt werden!

Ein Schlafzimmer soll individuell und beruhigend sein

Kleidung hängt oft auch mal dekorativ an der Fensterladentür unseres Einbauschranks

Lieblingsbilder schmücken leere Rahmen

Zwei Wände aus Beton
und eine weiß ...

PROJEKTE IM SCHLAFZIMMER

73

» SPOTLIGHT LAMPENLÖSUNGEN

Die richtigen Lampen bestimmen sehr stark den Look eines Hauses. Und in einem Zimmer fühlt man sich wohl, wenn den ganzen Tag über, bis in die Nacht hinein, die Beleuchtung stimmt. Besonders im Schlafzimmer braucht man verschiedene Lösungen. Ein helleres Licht für die Mitte, Leseleuchten und, wie ich finde, auch ein gemütliches Licht.

In unserem Schlafzimmer haben wir es wie folgt gelöst: Die Bunkerlampen aus dem Baumarkt an beiden Bettseiten sind unsere Leselichter, man kann gut auch nur mit einem noch lesen, falls der andere schon schläft. Die Glaslampen von IB Laursen sind schön und filigran und machen trotzdem viel Licht, weil ich gerne auch mal abends im Bett arbeite. Die Zinklampe vor der Decoupage-Wand ist ein tolles Licht für nur einen zentralen Punkt und eher eine Ergänzung als eine eigenständige Lampe, die man ganz allein einschaltet.

Die kleinen Zinklampen hinten an der Wand sind reine Dekoration, sie sind nicht einmal angeschlossen. Ich liebe den Look von Lampen nahe an der Wand! Und die Stehleuchte, die einem Theaterscheinwerfer gleicht, soll einfach die Industrie-Stimmung vervollkommnen. Manchmal haben wir noch die überdimensionale Stehleuchte im Schlafzimmer, aber die schieben wir eigentlich immer in der Wohnung dorthin, wo wir sie gerade brauchen. Des Weiteren befindet sich eine alte Baustellenlampe auf meinem Nachttisch, die auch als Windlicht benutzt werden kann.

Weitere tolle Lampen gibt es überall in unserer Wohnung — alte Fabrik- und Industrielampen, eine Baustellenlampe mit gealtertem Metall im Wohnzimmer an der Wand, süße Wandleuchten mit in der Wand verlaufenden Kabeln (davon brauche ich noch so viel mehr, die sind einfach ideal) und an manchen versteckten Stellen LED-Spots, die Arbeitslicht erzeugen. Und natürlich leben wir mit unglaublich vielen Kerzengläsern und Windlichtern, die eine unvergleichlich heimelige Atmosphäre schaffen. Haben Sie wirklich Mut, bei den Lampen nachzudenken, zu vergleichen, auszuprobieren und nicht aufzugeben, bis Sie die perfekte Lösung gefunden haben!

PROJEKTE IM SCHLAFZIMMER

EINE COLLAGE DIREKT AN DER WAND

Alte Bücher oder alte Noten erzeugen ein perfektes Vintage-Feeling.

SO GEHT'S Geeignete Blätter aus dem Lexikon auswählen (1). Ich habe hierbei besonders darauf geachtet, dass die Zeichnungen und Skizzen eine industrielle Note haben. Den Hintergrund mit Mod Podge bestreichen (2). Das Blatt auflegen und andrücken (3). Mod Podge darüber geben (4), um das Blatt zu fixieren. Jetzt mit dem nächsten Blatt weitermachen, dabei ruhig versetzt arbeiten, damit die Wand nicht zu ordentlich aussieht und eher ein Collagen-Look entsteht. Anfangs ist das Mod Podge weißlich, beim Trocknen wird es farblos und matt. Wenn man für beide Schichten genug Mod Podge verwendet, bildet die ganze Oberfläche eine einheitliche Fläche und ist sehr strapazierfähig. Wenn alles getrocknet ist, die Spiegel anbringen und eine Lampe nahe vor die Wand hängen. Evtl. die Deckenleiste direkt oben an der Wand anbringen.

>> **TIPP**: Statt alten Buchpapieren kann man natürlich auch neue Zeitschriftenreklame o. ä. verwenden und einen völlig anderen Look kreieren.

MATERIAL

altes Buch, am besten ein Lexikon in Englisch oder Französisch mit kleinen Illustrationen

„Mod Podge" (über Efco)

Pinsel

Schwierigkeitsgrad: einfach

Zeitaufwand: zwei Stunden

PROJEKTE IM SCHLAFZIMMER

EINGEBAUT

Ein großer Einbauschrank besiegt das Chaos.

ERLÄUTERUNG: Für den Innenbereich haben wir das Pax-System von Ikea benutzt, da wir davon schon zwei Schränke besaßen und nur noch Ergänzungen brauchten. Wir haben von innen her geplant, d. h. erst die Schränke aufgestellt, dann nach passenden Türen geschaut. Günstigerweise passt eines von den 1 m breiten oder zwei von den 50 cm breiten Pax-Elementen hinter eine Tür oder zwei Fensterläden (1).

SO GEHT'S Den Balken auf den Boden legen und mit Winkeln befestigen. Wir haben ihn schon vor dem Bodenlegen verankert und im Schrank den Bodenbelag ausgespart, da dort die Innenschränke stehen. Auf den Balken vertikale Kanthölzer anbringen und an der Decke mit Winkeln befestigen **(2)**. Oben rechts und links mit Holz verschalen **(3)**. Für die Türen die Befestigungspunkte für die Kloben ausmessen und diese dann an die Kanthölzer schrauben **(4)**, die Gegenstücke an die Türen, wobei eine Tür nach links, eine nach rechts öffnet **(5)**. In der Mitte messen, ob die Fensterläden perfekt passen. Unsere waren 2 cm zu breit, also haben wir sie mit der Stichsäge passend gesägt **(6)**. Den Rahmen jetzt streichen. Die Verschlüsse an den Türen und dem Laden anbringen **(7)** – siehe Seite 46. Aus dem Postsack einen Schlaufenvorhang nähen und auf die Stange schieben **(8)**. Die Stange nun befestigen. Wenn man möchte, kann man außerdem Deckenabschlussleisten anbringen.

MATERIAL

- zwei Türen (wenn möglich alte)
- zwei Fensterläden
- Postsack, Mehlsack oder ähnliches
- Vorhangstange, ausziehbar
- Balken in der Länge der Gesamtbreite
- OSB- oder Spanplatte
- Holzbretter
- Verschlüsse, Kloben
- graue Farbe
- Winkelverbinder
- Deckenleisten
- Akkubohrer, Schrauben
- Pinsel

Schwierigkeitsgrad: mittel
Zeitaufwand: ein Tag

PROJEKTE IM SCHLAFZIMMER

DAS GANZ PERSÖNLICHE HEADBOARD

Headboards selber zu bauen lohnt sich, denn dabei bieten sich die individuellsten Möglichkeiten. Das gilt besonders dann, wenn man gerne malt.

SO GEHT'S In den Seitenteilen alle Löcher für die Regalböden vorbohren (1). Die Rückenteile in den Ecken markieren, um sie dann mit den Seitenteilen so zu verschrauben, dass die Seitenteile einen 90-Grad-Winkel ergeben (2). An den vorgebohrten Stellen die Regalböden anschrauben (3). Von oben die Deckplatte auf die Seitenteile schrauben, sodass die Schnittkante nach vorne zeigt. Der Rahmen des Headboards ist jetzt fertig. Die dünne Vorderplatte auf den Rahmen nageln (4) und weiß anstreichen (5). Die Kanten mit dem Kantenumleimer versehen. Mit Bleistift Hilfslinien ziehen und den Text vorschreiben (6). Dann mit Pinsel und Farbe den Text farbig nachschreiben (7).

MATERIAL

1 Sperrholzplatte 1,45 x 1,20 m (oder entsprechend der benötigten Bettbreite)

1 Deckplatte 1,45 x 0,20 m

6 Regalbretter in gewünschter Tiefe

2 Bretter 1,20 m x Tiefe der Regalbretter als Seitenteile

1 Packung Kantenumleimer

„Painting the Past" Möbelfarbe in „Cotton White"

Acrylfarbe in Schlamm

Winkel

Akkuschrauber

Hammer

Nägel

Schrauben

Bleistift

Bügeleisen

Lackrolle

1 dünner Zeichenpinsel

Schwierigkeitsgrad: mittel

Zeitaufwand: ein halber Tag

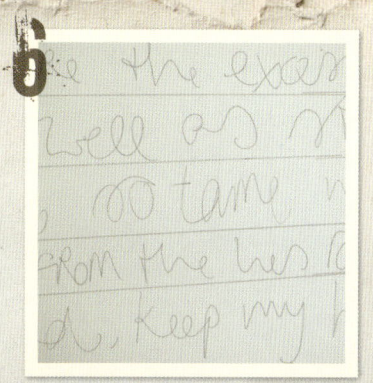

TIPP: Viele trauen sich die Beschriftung per Hand nicht zu. Man kann den Text in diesem Fall ganz einfach mit dem Computer auf Folie drucken, dann mit dem Overhead-Projektor diese Vorlage auf das Board werfen und abzeichnen. Bloß nicht von solchen kleinen Hindernissen aufhalten lassen!

PROJEKTE IM SCHLAFZIMMER

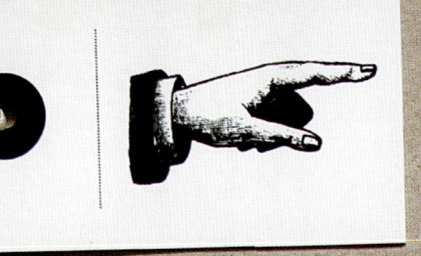

PROJEKTE IM KINDERZIMMER

Wo die Kleinsten ihr Reich haben, muss Farbe, Fantasie und Fröhlichkeit grossgeschrieben werden. Und man muss auch aus Lösungen schnell herauswachsen dürfen!

Hier lässt es sich gut leben und spielen

Diverse Tapetenschichten sind fast Kunst!

Ein Podest ist bequem ...

Zwei Mädchen = Rosa, oder?

PROJEKTE IM KINDERZIMMER

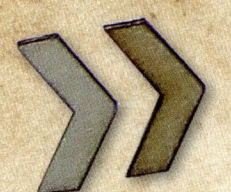

KINDER(T)RÄUME

Kinderzimmer sollen vor allem eines: einem Kind Geborgenheit vermitteln, die Dinge einfach zugänglich machen, ihm helfen, Ordnung zu halten und Dinge zu finden. Aber ein bisschen schön sein dürfen sie auch, diese kleinen Reiche, oder?

Unser Problem ist momentan noch, dass wir ein klitzekleines Zimmer haben, das sich die beiden Mädels teilen und in das wir jeden Abend eine Matratze tragen, damit sie dort schlafen können. Wir freuen uns alle schon auf die beiden großen Zimmer, die im nächsten Stockwerk entstehen, aber da wir bis dahin noch einige Monate warten müssen, haben wir versucht, dieses Übergangszimmer trotzdem praktisch und schön zu gestalten. Im Schreibtisch mit verschließbarer Lade sind alle kreativen Dinge und

TIPP: Tolle Papiere bekommt man bei Tapetenherstellern und in Scrapbookshops. Sehr praktisch sind auch Masking Tapes, mit denen man Dinge aufhängen kann, die sich aber auch wieder ablösen lassen.

Schulmaterialien untergebracht. Dort wird gebastelt, geschnitten, geklebt und gerechnet. In einer großen Seemannskiste sind alle Verkleidungsmaterialien stilecht verpackt und leicht zugänglich. Da das die liebsten Spiele meiner Mädels sind, wächst die Sammlung ständig. Unter dem Bett liegen zwei Koffer mit Puppenspielzeug und Barbie-Sammlungen. Die können einfach herausgezogen werden und man kann hinterher schnell aufräumen. Die Holzkästen von Hübsch Interior sind sehr praktisch, da man einfach in jedes Fach etwas anderes stellen kann. Das macht das Aufräumen zu einem Kinderspiel. Alle weiteren Sachen sind in Kästen verstaut, die schön aussehen und das oft weniger ansehnliche Spielzeug verbergen.

Die Deko im Kinderzimmer besteht hauptsächlich aus Papier. Der einfache Grund dafür ist, dass wir gerne umdekorieren. Wir lieben Motto-Zimmer für Kinder (und freuen uns schon unbändig auf das Zirkusreich, das oben entstehen wird), und hier heißt das Motto girly/federn/leicht/spaßig. Das haben wir mit schönen Papieren und Accessoires aus dem Scrapbooking-Papierbereich verziert. Die Federn haben wir ausgestanzt, die Anhänger ausgeschnitten und alles mit der Nähmaschine zu Ketten verbunden. Die absolut empfehlenswerten Wall Stickers (von love, mae – unbedingt, unbedingt anschauen!) bestehen aus Stoff, sind wiederablösbar und werden ständig auf neue Oberflächen geklebt. Die Lampions stammen aus dem Partybedarf, und der Heißluftballon ist ein Geschenk von einer unglaublich kreativen Frau. Die übrigen Sprüche und Werbungen im Zimmer sind ebenfalls temporär – manchmal hängen wir auch Kunstwerke der Kinder auf oder ihre neusten Scrapbookseiten. Wegen dieser Kurzlebigkeit liebe ich Papier-Dekos fürs Kinderzimmer. Die sind schnell gemacht, aber nicht teuer und können ebenso schnell ersetzt werden. Wenn dann doch irgendwann einmal Rosa wirklich out sein sollte, muss man nur die Deko ändern. Die Möbel sind schön neutral gehalten und passen zu allem. Auch streichen muss man nicht. Praktischer geht es kaum!

PROJEKTE IM KINDERZIMMER

ALTE DIELEN SELBER MACHEN

Wenn es so richtig knarrt, dann hat man das Gefühl, auf altem Boden zu laufen. Aber dieses Feeling kann man auch künstlich erzeugen.

SO GEHT'S Eine Lattung am Boden anbringen (1) – siehe auch Kapitel „Konter-/Lattung". In der Ecke ein Podest bauen, indem man Kanthölzer mit Winkeln am Boden befestigt (2). Den Verlauf der Dielenreihen so planen, dass sie immer auf den Kanthölzern enden und sich möglichst wenig Verschnitt ergibt. Dann die Dielenbretter zusägen (3). Die erste Reihe Dielen legen und mit der Lattung verschrauben (4). Weitere Dielenreihen anbringen, dann Dämm-Material in die entstandenen Hohlräume schieben (5), um einen optimalen Trittschallschutz zu gewährleisten. Am Podest ebenso verfahren wie am Boden, hier aber den Rand mit Kanthölzern einfassen (6). Den Boden komplett schwarz streichen (7). Dann das Holz mit dem Hammer (8) und dem Spachtel (9) auf alt trimmen. Mit dem Schleifgerät alle Kanten wieder abschleifen (10) (siehe auch Video). Den entstandenen Schleifstaub und alle Holzreste entfernen, gründlich saugen. Nun den

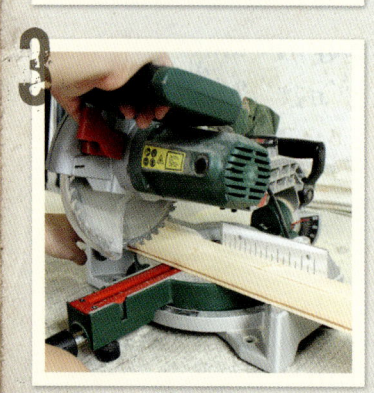

Boden mit Versiegelung lackieren (11), so glänzt er etwas, ist aber trotzdem geschützt und in seinem schäbigen Look konserviert.

MATERIAL

Holzboden, unbehandelt
Kanthölzer
Akkuschrauber
Schlagbohrmaschine
Schrauben
Dübel

Stahlwinkel
schwarzer Lack
Schleifgerät
Hammer
Schaber
Parkettversiegelung
Lackierrolle

Schwierigkeitsgrad: **mittel**
Zeitaufwand: **ein Tag**

TIPP: Ein Podest ist eine witzige Lösung für jeden Raum!

PROJEKTE IM KINDERZIMMER

EINE DECKE WIE IM HOLZHAUS

Ich habe schon immer — immer! — von alten Holzbalken geträumt, einer schiefen, romantischen Decke aus Holz, denn ich liebe es, im Bett zu liegen, zu träumen und die Decke zu betrachten. Deswegen musste diese Variante her, und tagelang haben wir Decken gestaltet. Das war anfangs nicht einfach, aber es hat sich wirklich gelohnt!

SO GEHT'S Eine Lattung mit Konterlattung anbringen, wenn nicht schon vorhanden (1), dafür etwa alle 50 cm eine Latte anbringen, die entgegengesetzt der späteren Deckenausrichtung laufen sollte. Für die erste Reihe ein Deckenpaneel ausmessen (2) und zuschneiden, sodass es auf einer Latte endet (3), falls der Raum nicht so klein ist, dass man mit ganzen Paneelen von Wand zu Wand reicht. Wandseitig die Elemente mit Nägeln befestigen (4). Die Profilkrallen immer in Höhe der Latten in die Paneelnut schieben (5) und dann mit dem Tacker befestigen (6). Das nächste Paneel an das erste ansetzen, es muss ebenfalls wieder auf einer Latte oder schließlich an der Wand enden. Die nächste Reihe mit versetzten Stoßfugen anbringen, dafür mehrere Paneele zuschneiden. Vorher aber den Raum genau ausmessen, denn wenn die Wände nicht ganz gerade sind, dann passt es plötzlich nicht mehr. Auf diese Weise weiter arbeiten. Zum Schluss ausmessen, wie breit die letzte Paneelreihe sein darf, diese Elemente dann mit der Stichsäge schmaler sägen und anbringen — hier eventuell auch wieder nageln. Die Deckenleisten anbringen, um richtig schöne Abschlüsse herzustellen. Dabei ist es fast unumgänglich, zu zweit zu arbeiten.

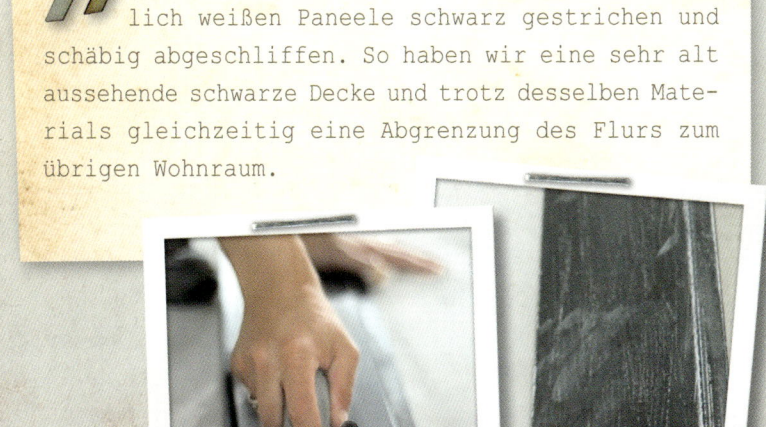

KLEINER TIPP: Im Gang haben wir die ursprünglich weißen Paneele schwarz gestrichen und schäbig abgeschliffen. So haben wir eine sehr alt aussehende schwarze Decke und trotz desselben Materials gleichzeitig eine Abgrenzung des Flurs zum übrigen Wohnraum.

MATERIAL

Deckenvertäfelung
Nägel
Hammer
Drucklufttacker
Kreissäge
Deckenleisten
Profilkrallen
außerdem bei einer Unterlattung: Schrauben
Akkuschrauber
Kanthölzer, evtl. Farbe

Schwierigkeitsgrad: mittel
Zeitaufwand: pro Raum ca. ein Tag

PROJEKTE IM KINDERZIMMER

SCHÖNES AUS HOLZ

EIN WEGWEISER

Damit die Prinzessinnen auch genau wissen, wo es langgeht, hier ein selbst gemachter ermutigender Wegweiser.

MATERIAL

Holzreste oder neues Holz

„Painting the Past" Möbelfarben „Sweetly Blue" und „Blossom"

etwas weiße und graue Farbe

Painting the Past Möbelwachs „Cement"

Wachspinsel

Schrauben

Kappsäge

Akkubohrer

Buchstabenschablone (IB Laursen)

schwarzer Permanentstift

Schwierigkeitsgrad: **einfach**
Zeitaufwand: **zwei Stunden**

SO GEHT'S Wie beim Schrank S. 126/127 Bretter anmalen und wachsen. Nur hier Rosa und Blau verwenden. Außerdem mit der Kappsäge spitze Enden schneiden, indem man den Winkel auf 45 Grad stellt und von beiden Seiten sägt. Die Ränder gründlich abschleifen. Von Hand und mit der Schablone Beschriftungen anbringen **(1)**. Die Ränder mit Wachs bestreichen, sodass sich das abgeschliffene Holz einfärbt **(2)**. Die Schilder versetzt auf ein Kantholz schrauben und dieses dann an die Wand hängen.

EIN SETZKASTEN FÜR DIE SPIELFIGUREN

Einige Spielsachen sind so hübsch und dekorativ, dass man sie nicht nur in Boxen packen will.

SO GEHT'S Den Setzkasten gut abschleifen und dann den gesamten Kasten zwei Mal streichen (1). Dazwischen gut durchtrocknen lassen. Den Setzkasten wachsen. Einige Papiere auf die Größe der einzelnen Kästchen schneiden und mit Heißkleber anbringen (2). Den Setzkasten verzieren (3) und mit Tierfiguren oder anderem kleinen Spielzeug füllen.

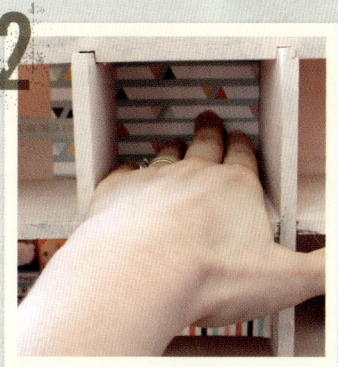

MATERIAL

Setzkasten

„Painting the Past"
Möbelfarbe in „Blossom"
und Wachs in „Cement"

Pinsel

Sticker, Tape und Papiere

Spielzeug und Spielzeugbank

Schwierigkeitsgrad: einfach
Zeitaufwand: drei Stunden

PROJEKTE IM KINDERZIMMER

PROJEKTE IN DER KÜCHE

Kein Raum wird so regelmäßig und praktisch genutzt wie die Küche – deswegen muss sie wie kein anderer Raum an unsere Bedürfnisse angepasst werden!

Ordnung herrscht nur, wenn alles seinen Platz hat

Ein Platz zum Schnippeln, Reden und Naschen – der Küchentisch!

Haken kann man nicht genug haben ...

Die Fabriklampe im Zentrum!

PROJEKTE IN DER KÜCHE

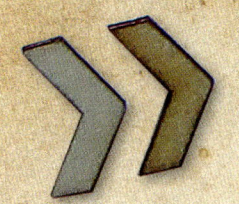

SIMEAS KÜCHENTIPPS

ESSEN HAT WAS DEKORATIVES

Dekorative Materialien wie Nudeln, Reis, Mehl, Kakao etc. lagere ich offen in alten Einmachgläsern und neuen Dekorationsgläsern, z. B. von Maisons du Monde. Das finde ich praktisch – und es macht die Küche lebendig und gemütlich. Außerdem sind die Gläser für jeden einfach zugänglich: Gerade bei Materialien wie Müsli, das wir jeden Morgen brauchen, wollen wir nicht immer eine Tür öffnen müssen.

LEBE LIEBER UNGEWÖHNLICH

Das Zinkregal von Hübsch Interior, eines meiner absoluten persönlichen Lieblingsstücke, ist eigentlich für den Bürobereich gedacht. Aber es ist mit all den hübschen Tellern und Messern etc. der zentrale Blickfang in der Küche. Damit es nicht zu voll wirkt, sind manche Fächer „nur" dekorativ gefüllt, das lockert auf.

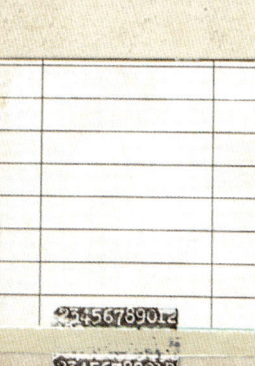

GUT(ES) BRINGT GUTES HERVOR ...

... ist einer meiner Grundsätze, deswegen umgebe ich mich in der ganzen Wohnung gerne mit Dingen, die mich inspirieren. Ich drucke Sprüche, Fotos etc. aus dem Internet aus und gestalte damit Collagen, die ich aufhänge. Das Tolle daran: Wenn ich mich einmal an die Collagen gewöhnt habe und sie nicht mehr wahrnehme — was ja passiert! —, dann kann ich einfach in den gleichen Rahmen wieder neue Collagen gestalten. Ich liebe es, wenn solche Dinge leicht austauschbar sind. Manchmal brauche ich auch gar keine Rahmen, wie im Kinderzimmer oder im Wohnzimmer, dann werden Dinge einfach mit Masking-Tape an die Wand gehängt und irgendwann wieder abgehängt.

THINK OUTSIDE THE BOX

Wenn man durch meine Wohnung geht, sieht man, wie sehr ich alte Kisten und Koffer liebe. Sie sind einfach schön und zugleich auch einfach praktisch. In der Küche verwahren wir alle Pfannen und Töpfe in einer Überseekiste, die gleichzeitig als Sitzgelegenheit am Tisch dient. Denn Töpfe sind nur bedingt schön — jedenfalls meine! —, deshalb muss man sie gar nicht sehen, hat sie aber trotzdem schnellstens zur Hand.

DAS DENKT MAN NICHT

Meine Arbeitsplatte ist ein häufiger Gesprächsgegenstand, weil unsere Besucher gar nicht glauben können, dass es solche Arbeitsplatten gibt. Wenn ich dann sage, dass ich sie aus einem Baumarkt habe und sie sogar ziemlich günstig war, sind alle platt. Ich bin einfach so ein Mensch: Ich schaue mir überall alle Arbeitsplatten an und dadurch finde ich so etwas. Es lohnt sich also auf jeden Fall, ein bisschen zu vergleichen.

PROJEKTE IN DER KÜCHE

MEHR ALS EIN BODEN

„Können wir nicht einfach wie ‚normale Menschen' einen Tisch kaufen?", fragte unsere Tochter, „müssen wir einen Boden an die Wand hängen und auf Tische kleben?" Nein, wir müssen nicht – aber wir finden es einfach schön! Denn Laminat gibt es in so vielen dekorativen Looks, da findet man oft perfekte Lösungen.

LAMINAT AN DER WAND

SO GEHT'S Die Wand ausmessen und die erste Bahn auf die passende Länge zuschneiden (1). Auch die Nut absägen (2), damit das Laminat direkt auf der Arbeitsplatte aufliegt. Die nächste Bahn ausmessen, dann benötigte Aussparungen einzeichnen, z. B. für Lichtschalter und ähnliches, und aussägen (3). Montagekleber aufbringen (4), dann die beiden Platten ineinander stecken und vorsichtig an die Wand kleben (5). Darauf achten, dass kein Spalt bleibt. Mit den nächsten Bahnen ebenso vorgehen wie mit der zweiten.

MATERIAL

Laminatmenge entsprechend der Flächengröße

Montagekleber

Säge

Stichsäge

Kreissäge

Schwierigkeitsgrad: einfach

Zeitaufwand: zwei Stunden

PROJEKTE IN DER KÜCHE

LAMINAT AN DER GESCHIRRSPÜLMASCHINE

SO GEHT'S Die Geschirrspülmaschine ausmessen (1) und das Laminat passend zuschneiden. Doppelseitiges Klebeband anbringen und alle Reihen aufkleben (2).

MATERIAL

Laminatmenge passend zur Fläche

starkes doppelseitiges Montageklebeband

Kappsäge

Schwierigkeitsgrad: einfach

Zeitaufwand: eine Stunde

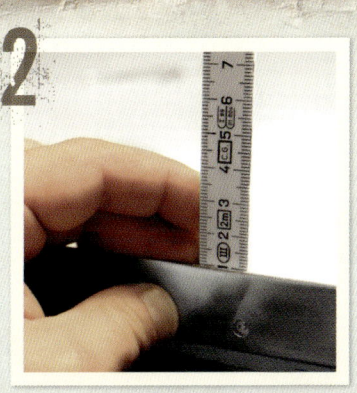

EINE NEUE TISCHPLATTE AUS LAMINAT

SO GEHT'S Metallschienen auf die Längen und Breiten des Tisches zuschneiden **(1)** und mit Schrauben anbringen. Dabei auch den zukünftigen Belag der Tischplatte berücksichtigen, also die Stärke des Laminats **(2)**. Mit dem Hammer die Ecken rundklopfen **(3)**. Den Tisch ausmessen und das Laminat auf die entsprechende Länge zuschneiden. Die Ecken je nach Tisch etwas abrunden **(4)**. Jetzt kleben Sie das Laminat in Bahnen mit dem Montagekleber auf die alte Tischplatte **(5)**. Das Laminat an Nut und Feder ineinander schieben (wie man das am Boden auch macht) und die letzte Bahn auf die verbleibende Breite zuschneiden.

MATERIAL

alter Küchentisch

Laminat für die entsprechende Fläche

Montagekleber

Metallleisten

Stichsäge mit Metall- und Holzsägeblatt

Kappsäge, Hammer, Schrauben

Schwierigkeitsgrad: mittel

Zeitaufwand: drei Stunden

PROJEKTE IN DER KÜCHE

EINE SPÜLE AUS BACKSTEIN

Wir brauchten auf jeden Fall eine ganze Menge Platz. Mit der Keramikspüle auf einer selbstgemauerten Wand haben wir diesen Wunsch auch noch originell erfüllt.

>> **HINWEIS:** Wir haben mit dem Fotografieren erst weiter oben angefangen. Technisch funktioniert das Mauern der untersten Reihe aber genauso, wie es auf den Fotos zu sehen ist – also nicht verwirren lassen!

SO GEHT'S Die Ziegel zum Wasserziehen in einen Eimer mit Wasser legen. Dadurch vermeidet man, dass dem Mörtel zu schnell das Wasser entzogen wird und er verbrennt. Als Fundament eine Dämmplatte auf die Tiefe der Spüle zuschneiden und diese auslegen. Darauf eine satte Mörtelschicht auftragen (1). Die erste Schicht Steine auslegen. Zwischen die jeweiligen Steine ebenfalls Mörtel geben (2). Das Niveau mit der Wasserwaage kontrollieren. Wieder Mörtel auftragen (3). Die nächste Schicht versetzt im sogenannten Läuferverband anbringen. Die Endsteine der Reihe dafür vorher mittig halbieren (4) und die Schnittstelle nach hinten ausrichten, damit man sie von vorne nicht sieht. Nach fünf Schichten ein Brett verlegen (5), auch hier prüfen, ob es gerade ist. Auf dem Brett nun weiter Mörtel ausstreichen (6) und weiter mauern. Oben die Arbeitsplatte mit Winkeln befestigen. Dann die Spüle in die Arbeitsplatte einhängen (7). An den Rändern mit Silikon abdichten und zum Schluss das Brett streichen.

5 **6** **7**

TIPP: Die Steine halbiert man mit einer speziellen Trennscheibe für den Winkelschleifer.

MATERIAL

Zahnkelle
Katzenzunge
Maurerkelle
Ziegel, Mörtel
Bohrmaschine, Rühraufsatz
OSB-Platte
Reste von Dämmplatten
Wasserwaage
Cutter
großer Eimer mit Wasser
großer Winkelschleifer mit Steintrennscheibe
Keramikspüle
Silikon (transparent)
Winkel

Schwierigkeitsgrad: schwierig

Zeitaufwand: ein Tag

PROJEKTE IN DER KÜCHE

KÜCHENHELFER AUS METALL

Sie denken, ich muss hier nicht noch einmal erklären, wie toll ich altes Material finde?
Aber ich kann nicht anders, denn von meinen Metallschüben und meinem Werkzeugwagen bin ich so begeistert, dass ich am liebsten dauernd über sie reden würde: Sie schaffen Ordnung und erleichtern die Organisation in meiner Küche.

DER WERKSTATTWAGEN

Früher einmal hat er einem Mechaniker oder Handwerker gedient, dann fand er über Ebay den Weg in meine Küche – der alte, schon etwas krumme Werkstattwagen. Ich habe ihn wegen seines doch recht intensiven Geruchs erst einmal einige Monate draußen stehen lassen (1), wo er auch nass wurde. Das war mir nur recht, da ich so ein bisschen Rost sozusagen gratis dazu bekam! Jetzt bietet er in seiner Schönheit Platz für Geschirr, Essige und Öle, Besteck und wichtige Geräte. Besonders praktisch ist, dass ich ihn in der Küche herumschieben kann, dorthin etwa, wo ich gerade am Schneiden bin, und dass er, wenn er nicht benötigt wird, unter der Arbeitsplatte fast unsichtbar wird.

METALL-SICHTLAGERKÄSTEN

Als das Transport-Unternehmen eine ganze Palette voll gebrauchter Sichtlagerkästen bei uns vor der Tür abstellte, hat bestimmt so mancher Nachbar insgeheim den Kopf geschüttelt. Aber ich habe einen Freudentanz aufgeführt, weil da *so viel* reinpasst! Ein Turm von 3 Kästen passt direkt unter die Arbeitsplatte. Darin befinden sich Dinge, die man häufig benutzt und an die man schnell herankommen muss wie Tupperware und Gläser. Im hohen fünfstöckigen Turm direkt neben dem Herd befinden sich Vorräte, Backbleche, Kuchenformen etc. Da kann ich sie immer gleich herausnehmen, wenn ich sie brauche, ohne einen Schritt zu tun. Unter der Spüle befindet sich ein weiterer Kasten, der mit Geschirrspülmittel, Putzmitteln etc. gefüllt ist. Den Rest an Materialien versorge ich in meinen Schränken, aber die Metallkästen sind echte Platz-Künstler.

PROJEKTE IN DER KÜCHE

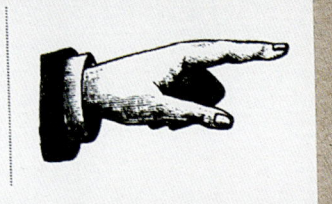

PROJEKTE IM BADEZIMMER

Zeit im Badezimmer ist Zeit für mich ...
Deswegen sollte man das Bad nicht vernachlässigen,
sondern zum kleinen Wellness-Zentrum machen.

Flauschige Handtücher sind ein Muss ...

Die Kunst im Rahmen darf ausgewechselt werden ...

Lesestoff lagert in der Weinkiste!

Ein Kronleuchter zaubert überall Stimmung!

PROJEKTE IM BADEZIMMER

AUF DEN (WASCH-) TISCH BRINGEN ...

Ein echtes Unikat und ein Hingucker ist dieser Waschtisch — und er war nicht einmal schwer zu bauen.

SO GEHT'S Den Tisch mit Parkettsiegel zweimal komplett streichen, damit er wasserfest ist (1). Sehr tiefe Furchen in der Platte kann man auch mit Silikon schließen, wenn man das möchte. So wird der Tisch in seinem momentanen Zustand konserviert. Das Waschbecken auf den Tisch stellen und mit einem Stift das Loch zum Einsetzen markieren (2). Das Loch mit der Stichsäge

MATERIAL

alter Tisch, am besten mit Ablage und sehr starken Gebrauchspuren

rundes Waschbecken aus Granit

Wasserhahn

Parkettsiegel

Stichsäge

Pinsel

evtl. Rohre etc. zur Verbindung (individuelle Lösungen)

evtl. Säge zum Verkleinern der Schubladen

Schwierigkeitsgrad: einfach
Zeit: ein halber Tag

aussägen (3) und das Becken einsetzen. Mit Silikon abdichten (4). Den Wasserhahn ausrichten und für ihn ebenfalls ein passendes Loch sägen. Mit Silikon abdichten (5). Wir mussten die beiden Schubladen kürzen, damit die Zu- und Ableitung passt (6). Dafür einfach hinten das benötigte Stück absägen und die Rückwand wieder anbringen (Detailbild). Den Waschtisch an das Wassersystem anschließen. Je nach Tischgröße kann das etwas komplizierter sein. Im Zweifelsfall lohnt es sich, einen Fachmann zu Rate zu ziehen.

>> TIPP: Diese Art Waschtisch lässt sich in jedem Stil gestalten, man muss nur einen anderen Tisch nehmen. Man kann auch einen ganz edlen Tisch verwenden oder einfach zwei Waschbecken auf einen etwas längeren Tisch montieren und so weiter. Hier sind die Möglichkeiten unbegrenzt! Auf unserer Homepage www.artisserie.net zeigen wir einen Doppelwaschtisch mit einer Ikea-Spüle.

PROJEKTE IM BADEZIMMER

EINE DUSCHTÜR WIE IM WILDEN WESTEN

Hier kommt Cowboy-Feeling auf, denn unsere Dusche besitzt Schwingtüren.

SO GEHT'S Pro Tür die benötigte Anzahl Latten auf die gewünschte Höhe sägen **(1)**. Unsere Tür ist 1,78 m hoch, aber dieses Maß müssen Sie jeweils an ihre Nische anpassen. Das gilt genauso für die Anzahl der Latten – unsere Einzeltür brauchte sieben nebeneinander. Mit weiteren Latten miteinander verbinden. Diese dafür jeweils oben und unten mit 20 cm Abstand zum Rand **(2)** an jeder senkrechten Latte festschrauben **(3)**. Eine Leiste als Verbindung diagonal anbringen **(4)**, dafür unten abschrägen. Die Duschtüren und die beiden Balken, an denen sie später angebracht werden, jetzt komplett braun streichen und an einigen Stellen Kupfer und Grau darüber streichen **(5)**. Danach komplett weiß streichen **(6)**. Dabei in kleinen Etappen vorgehen, sodass die Farbe nicht zu schnell trocknet. Immer mit dem Heißluftgebläse darauf halten, bis sich Blasen bilden, die dann aufplatzen **(7)**.

weiter auf Seite 110

MATERIAL

Rahmenbretter
sägeraue Latten
4 Ladenbänder
Winkel
Griffe
Kloben
Kappsäge und Stichsäge
Bleistift

Wasserwaage
Heißluftgebläse
Pinsel
Schaumstoffrolle
Farbe in Braun, Grau, Schwarz und Weiß
Bootslack

Schwierigkeitsgrad: mittel
Zeitaufwand: eineinhalb Tage zzgl. der Trockenzeiten für die einzelnen Schichten

PROJEKTE IM BADEZIMMER

Mit der Stahlbürste abreiben **(8)**. Mit einem Messer die Rillen auskratzen und evtl. mit etwas schwarzer Farbe den Verlauf der Hölzer betonen, sodass mehr Tiefe entsteht **(9)** – sieht man toll in unserem Video. Wenn alles getrocknet ist, die Innenseiten der Türen doppelt mit Bootslack versiegeln **(10)**. Die Balken in der Dusche an der Wand und am gemauerten Absatz mit Winkeln befestigen. Ladenbänder jeweils oben und unten an den Querleisten der Tür montieren und weiß streichen. Auf entsprechender Höhe an den Balken Kloben anbringen und die Tür dort einhängen **(11)**. Türgriffe anschrauben, duschen!

110 DUSCHTÜRE

ROHRGESCHICHTEN

Wenn man richtig kombiniert, kann man aus alten Rohren die witzigsten Lösungen konstruieren.

SO GEHT'S Rohre und Verbindungen in einem Sanitärgeschäft besorgen, dann zusammenschrauben, um eine Handtuchstange, einen Toilettenpapierhalter oder ein Schmuckregal zu bauen. Dabei kann man sich von den Materialien leiten lassen. Wir sind so begeistert von den Rohren, dass wir weiter überlegen, was man noch alles damit gestalten kann.

MATERIAL

alte Rohre

alte Verbindungsstücke (Steckfittings, Muffen, T-Stücke und Pressbögen)

alte Unterlegscheiben

Schrauben

Schwierigkeitsgrad: einfach

Zeit: das Zusammenbauen geht fix, dann braucht man nur noch ca. eine halbe Stunde zum Anbringen

PROJEKTE IM BADEZIMMER

EIN MÄUERCHEN AUS SICHTSTEIN

Der Heizkörper bekam einen neuen Platz und ich ein wenig Ziegelstein in mein Bad – kein schlechter Tausch!

SO GEHT'S Den Mörtel nach Herstellerangaben anmischen und etwas stehen lassen (1). Auf den Boden streifenförmig eine dicke Schicht Mörtel geben. Darin den ersten Stein ausrichten. Weiteren Mörtel auf den Steinkopf, auf die untere Steinlage und die Wand auftragen (2). Den nächsten Stein hineindrücken (3 + 4). Da die Wand pure Dekoration ist, muss man hier nicht versetzt arbeiten. Die Steine vom Mörtel reinigen. Mit einem Lappen eine Mischung aus Latexfarbe und Wasser auftragen, die einen milchigen Effekt möglich macht.

MATERIAL

Zahnkelle

Katzenzunge

Maurerkelle

Mörtel

Schwamm

Bohrmaschine und Rühraufsatz

Latexfarbe

Wasser

alter Lappen

Schwierigkeitsgrad: einfach

Zeitaufwand: drei Stunden

>> **TIPP:** Mauersteine sollte man grundsätzlich im Verband verarbeiten. Man ordnet die senkrechten Fugen zwischen den Steinen versetzt und nicht übereinander an, denn dadurch wird die Mauer stabil. Am Anfang einer Reihe sägt man dafür die Ziegel zurecht, etwa indem man sie halbiert oder drittelt. Bei Mauern, die nichts halten müssen, sondern nur als Deko dienen – wie hier, weil der Heizkörper entfällt –, muss man das nicht machen und erhält so einen ganz anderen Effekt.

PROJEKTE IM BADEZIMMER

BEDECKT

Eine Holzdecke macht was her, besonders wenn man sie selbst behandelt.

SO GEHT'S Wenn nicht schon vorhanden, eine Lattung, eventuell mit Konterlattung anbringen und ca. alle 50 cm ein Kantholz an die Decke schrauben. Dann die Vertäfelung anbringen: Das erste Holz anschrauben **(1)**, das nächste Holz einschieben **(2)** und ebenfalls verschrauben. Achten Sie darauf, dass bei Decken, die länger sind als die Vertäfelungshölzer, die Stöße zwischen den Hölzern versetzt sind. Bei einem kleinen Bad kann man Glück haben und muss die Bretter nur passend zusägen. Achtung aber: Nicht gleich alle Bretter zuschneiden – oft sind die Wände in einem Raum nämlich nicht hundertprozentig gerade, und so lohnt es sich, bei jedem 4. Brett nachzumessen. Wenn man möchte, kann man Deckenleisten für den Rand anbringen.
Die Decke jetzt komplett deckend dunkelgrau lackieren **(3)**. Dann mit einem trockenen Pinsel fein mit Weiß darüber streichen, dabei aber nicht deckend arbeiten **(4)**. Wenn man aus Versehen zu viel Farbe nimmt, dann lieber noch einmal mit Dunkelgrau darüber gehen **(5)** und

MATERIAL

Deckenvertäfelung

Möbellack in Grau, Weiß und Hellgrau

Pinsel, Schrauben, Akkubohrer

Schwierigkeitsgrad: **einfach**
Zeit: **ein halber Tag**

einen neuen Anlauf nehmen. Die Kanten besonders ausführlich bearbeiten (6). Zum Schluss an einigen Stellen schwarze Punkte auftupfen (7), die an Wurmlöcher oder ähnliches erinnern sollen.

PROJEKTE IM BADEZIMMER

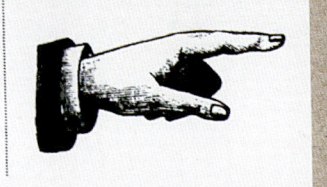

PROJEKTE IM STUDIO

So viele Stunden am Tag arbeiten wir! Da sollte doch die Arbeitsumgebung auf jeden Fall motivieren und inspirieren – unsere Projekte bringen Style in jedes Büro oder Atelier!

Hier wird kreativ gearbeitet

Auch hier fanden wir eine tolle Wand unter der alten Tapete

Das Arbeitsmaterial sollte in nächster Nähe sein!

Hell und luftig –
das ist die halbe Miete

PROJEKTE IM STUDIO

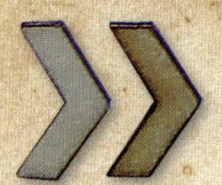

≫ SPOTLIGHT KOMBINIEREN

Altes hat Charme, Neues ist oft praktischer – aber zusammen sind Alt und Neu unschlagbar!

Neu eingerichtete Räume wie aus einem Möbelhaus oder einem Katalog sind doch langweilig, oder? Das brauchen wir nicht! Nein! Kombinieren ist der größte Spaß – und er macht das Ganze auch viel billiger. An diesem Studio möchte ich einmal zeigen, wie toll man einen Raum gestalten kann, wenn man Alt und Neu miteinander kombiniert. Denn hier gefällt mir die Mischung von ganz alt (zum Beispiel Glasschrank und Weinkiste), Retro (Stühle und Tische) und ganz neuen Accessoires von Hübsch und IB Laursen einfach perfekt! Im Moment arbeite ich in einem gemieteten Raum, der als Studio und Atelier dient, bis ich zu Hause einen Raum dafür zur Verfügung habe.

Anfangs dachte ich daran, dass ich gerne die Tapete abmachen und neue coole Steintapete von Rasch anbringen wollte (ansehen lohnt sich – die sind super!). Dann haben meine Freundin und ich die Tapete abgekratzt – und das, nachdem ich eigentlich geschworen hatte, nach all unseren Tapeten im Haus nie wieder Tapeten ablösen zu wollen. Und siehe da, es kam eine einfach perfekte Wand darunter zum Vorschein. Perfekt bohemian! Mehr als zwei Wände in diesem Look wollten wir aber nicht, vor allem, da weiße Wände auch zum Fotografieren oft wichtig sind. So haben wir die Decke und die beiden anderen Wände weiß gestrichen.

118 DIE KOMBI MACHT'S

In einem dritten Schritt bauten wir alle Elemente hinein, die wir haben wollten: den Sichtschutz für das Waschbecken, die Vertäfelung, die Eckbank und unser Tischchen. Dann hatten wir noch zwei Vintage-Schreibtische, die die Basis unserer Möblierung bildeten, Stühle waren auch schnell gefunden, und der alte Glasschrank hatte in meiner Küche keinen Platz mehr – also nahm ich ihn mit ins Studio. Dort beherbergt er stylisch all unsere Akten, Belegexemplare und Dokumente.

Schöne und inspirierende Zeitschriften haben wir gern zur Hand – und sie sind so herrlich dekorativ, deshalb haben wir sie in den Zeitschriftenständer von Hübsch und auf die Leiter gehängt. Lampen sind ja immer ein wichtiges Thema für mich, also haben wir bei Ebay alte Industrielampen gesucht und gefunden – die sind so riesig, die passen perfekt hier rein. Für gutes Fotolicht haben wir noch Stehlämpchen auf den Schreibtischen. Unsere kreativen Materialien, Stoffe etc. bewahren wir in den Kartons auf, sie sind farblich sortiert – deswegen die Markierungen.

Die Kisten passen perfekt in das Expedit-System von Ikea. Aber so „normal" war uns das Regal irgendwie zu langweilig, deswegen haben wir es aufgemotzt. Weitere Materialien sind in Körben, alten Kisten und Koffern im Raum verteilt. Auch die Eckbank bietet noch einmal so richtig viel Stauraum! Dinge, die wir schnell zur Hand haben wollen, lagern wir in der Zinkaufbewahrung, die eigentlich für die Küche gedacht ist, und auf einem Tassenständer. Einzig der Bandrollenhalter dient seinem ursprünglichen Zweck, wobei auch hier mit unersetzlichem Masking Tape ergänzt wird.

Dann haben wir viel zu planen – deswegen die Magnet- und Tafelwände, die einfach alte Metallregalböden sind. Dort machen wir Moodboards, planen Veranstaltungen etc. Im Raum verteilt sind inspirierende Sprüche und alte Dinge wie etwa unsere Kamerasammlung. So baut sich der Raum nach und nach auf, bis alles passt. Toll, oder? Wir lieben ihn heiß und innig. Vor allem auch, weil er schnell zu einem tollen Partyraum umgebaut ist. Und glauben Sie uns: Hier wurde schon manche Knallerparty gefeiert!

PROJEKTE IM STUDIO

ECKBANK MIT VIEL STAURAUM

Wenn ich gemütlich drinnen sitze und nach draußen sehe, freue ich mich einfach nur über unseren selbstgebauten Fenstersitz! Der kann natürlich auch für jedes andere Zimmer angefertigt werden.

SO GEHT'S Überlegen, wie groß die Sitzbank sein soll. Eine Skizze mit den Maßen zeichnen, an der man sich dann orientieren kann. Hier lohnt es sich wirklich, individuell zu planen, da es ja gerade das Besondere einer Eckbank ist, dass sie sich ins Zimmer einfügt. Unsere Maße sind die folgenden: Tiefe und Höhe messen 50 cm, das Eckstück ist 50 x 50 cm groß. Die beiden Schenkel sind bis zum Eckstück gemessen 150 cm lang. Die Hölzer erst alle auf die richtige Länge sägen. Kanthölzer miteinander verschrauben (1), sodass die Grundflächen entstehen (2). Darauf aufbauend mit Winkeln die Beine montieren (3). Alle Beine so anbringen (4), bis man die oberen Hölzer ebenfalls montieren kann (5). Sie verlaufen genau über denen der Grundfläche. An dieses so entstandene Gerüst eine Verschalung aus

MATERIAL

Kanthölzer und gehobelte Hölzer in benötigten Längen
Pressspanplatten
Schrauben
Stahlwinkel
„Painting the Past" Möbelfarbe „Cotton White"
Lederprägeset Buchstaben
kleiner Hammer
Sitzkissen
Akkuschrauber
Stift
Kappsäge
Pinsel, Farbroller

Schwierigkeitsgrad: schwer
Zeitaufwand: ein Tag

Spanplatten schrauben (6). Die oberen Spanplatten mit Scharnieren anbringen, damit man sie öffnen kann, dabei aber die äußeren und das mittlere der Quadrate fest fixieren, damit alles stabil ist (7). Für die Stabilität und als Deko vorne weitere Kanthölzer platzieren, die hübsche Quadrate bilden. Die Sitzbank nun zweimal komplett anstreichen. Jetzt können Sie Beschriftungen in den Sitz prägen (8). Dafür die Prägebuchstaben mit dem Hammer leicht hineinklopfen.

PROJEKTE IM STUDIO

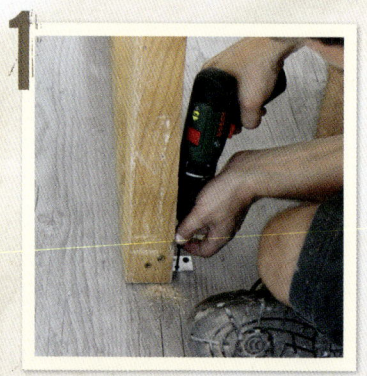

RAUMTEILER MIT FENSTERCHEN

Wenn schon verstecken, dann aber stylisch, oder? Denn ein kleiner Raumteiler kann zum echten Blickfang werden.

SO GEHT'S Überlegen, wie groß die Abtrennung sein soll. Unsere verdeckt gerade das kleine Waschbecken. Mit größerem Fenster könnte man aber nach diesem Prinzip auch einfach in einem größeren Maßstab bauen. Die Kanthölzer für die Querverbindungen entsprechend auf die gewünschte Länge schneiden und mit Winkeln am Boden befestigen (1). Die Kanthölzer, die die Höhe vorgeben, ebenfalls festschrauben. Gegebenenfalls können Sie sie noch an die Wand dübeln, das gibt Stabilität (2). Überlegen, wie hoch Sie das Fenster setzen möchten, darunter eine Querleiste einziehen (3) und festschrauben. Das Fenster aufsetzen, oben abschließend ebenfalls eine Querleiste einziehen. Diese am Fenster festschrauben (4). Jetzt die Vertäfelungsbretter passend schneiden (5) und anschrauben (6). Oben eine Pressspanplatte anbringen (7). Die gesamte Wand zweimal deckend streichen (8).

MATERIAL

altes Fenster

Kanthölzer 8 x 8 cm, 2 m hoch und 2,5 x 5 cm, 80 cm hoch

Wandvertäfelung

Pressspanplatten in entsprechender Größe

Stahlwinkel

Schrauben

Akkuschrauber

„Painting the Past" Möbelfarbe „Cotton White" (Laura Living)

Pinsel

Wasserwaage.

Schwierigkeitsgrad: mittel

Zeitaufwand: ein halber Tag

PROJEKTE IM STUDIO

SCHWEDISCHE WANDVERTÄFELUNG

Ein Hauch von nordischem Design umweht eine vertäfelte Wand – und wer will diesen Hauch nicht gerne durch sein Haus wehen lassen?

SO GEHT'S Kanthölzer oben und unten als Lattung planen, abmessen, sägen, gerade ausrichten (1) und anbringen (2). Die Paneele auf die richtige Länge sägen (3). Das erste Paneel oben und unten auf der Lattung anbringen (4) und dabei gerade ausrichten – wie immer wieder angeklungen ist: Wände sind nicht gerade! Das zweite Paneel in das erste schieben (5) und ebenfalls unten und oben anschrauben. Wenn alle Paneele angebracht sind, die zugesägten Schalbretter oben auflegen und von oben an die Lattung schrauben (6). Hohlkehlleisten mit Montagekleber anbringen, sodass ein schöner Übergang entsteht (7). Die Paneelwand zum Schluss mit der Farbe streichen (8). Zwei Anstriche sehen schöner aus!

MATERIAL

Kanthölzer für die Lattung über die Länge der Wand, eine unten, eine oben

Naturholz-Paneele entsprechend der Wandfläche

„Painting the Past" Möbelfarbe „Dutch Grey" (Laura Living)

Schalbretter, gehobelt, in der Länge der Wand, 6 cm breit, 2 cm dick

Hohlkehlleisten in der Länge der Wand

Pinsel

Montagekleber

Akkuschrauber

Holzschrauben

je nach Wand Dübel (wir hatten zum Glück eine Leichtbauwand)

Schwierigkeitsgrad: einfach

Zeitaufwand: drei Stunden

TIPP: Natürlich kann man die Paneele auch quer verlaufen lassen oder die Wand komplett damit vertäfeln – dabei kann man seinem ganz persönlichen Geschmack folgen!

PROJEKTE IM STUDIO

PIMP DEIN IKEA-REGAL

Mit wenigen Handgriffen kann man ein Massenprodukt in ein eigenes Designobjekt verwandeln …

SO GEHT'S Die Holzpaletten auseinanderschneiden, sodass nur die Verbindungselemente übrig bleiben **(1)**. Dadurch bekommen Sie viele einzelne Bretter. Diese dann immer paarweise auf die Breite des Schranks sägen **(2)**. Ich habe darauf geachtet, dass ich abwechselnde Längen erhielt, sodass es etwas netter aussieht. Alle recht grob weiß streichen und komplett trocknen lassen **(3)**. Auch die gehobelten Bretter streichen. Dabei können ruhig auch Kinder helfen, die haben einen Heidenspaß daran! Die Bretter an den Rändern etwas abschleifen **(4)**. Jetzt manche der Bretter mit dem helleren, manche mit dem dunkleren Wachs einfärben und danach gleich wieder mit einem Baumwollstoff oder alten T-Shirt abreiben **(5)**. Die gehobelten Bretter ebenfalls mit der dunkleren Farbe wachsen. Die Bretter an den Seiten und am Oberteil des Schranks festschrauben. Ich habe dafür schwarze Schrauben verwendet, die man ruhig sehen darf. Darauf achten, dass die Farben sich abwechseln — eventuell die Bretter vorher lose auslegen und dann erst festschrauben. Schließlich die gehobelten Bretter auf die Schranklänge sägen und oben darüber anbringen. Es sollte jetzt außen und an den Seiten keine „normale" Schrankwand mehr zu sehen sein. Damit es von der Höhe passt, habe ich etwas probiert und ein Stück etwas schmaler gesägt. Das ist ein bisschen wie Puzzeln, aber es macht viel Spaß.

MATERIAL

Regal Expedit von Ikea mit 8 Fächern oder ein ähnliches Fächerregal

4-5 alte Euro-Holzpaletten

3 Bretter, gehobelt, 2 m lang, 2 cm dick und 7,9 cm breit

„Painting the Past" Kreidefarbe „Cotton White"

Möbelwachse „Cement" und „Carbon" (Laura-Living)

Wachspinsel

Pinsel

Schrauben

Akkuschrauber

Stichsäge und Kreissäge

altes T-Shirt

Schwierigkeitsgrad: einfach

Zeitaufwand: ein halber Tag

PROJEKTE IM STUDIO

127

ALTE INDUSTRIE-LAMPEN UMBAUEN

Manchmal sind alte Lampen außen schön, aber nicht mehr zu gebrauchen. Man kann sie jedoch ganz einfach wieder in Betrieb nehmen. Dabei ist es wichtig, sich ein bisschen mit Elektrik auszukennen. Man kann auch jemanden vom Fach fragen, welche Teile ersetzt werden müssen und wie man vorgeht, damit die Lampe wieder funktioniert. Kommt auch nur der leiseste Zweifel auf, sprechen Sie einen Elektriker an!

SO GEHT'S Lampe gründlich säubern! Die Lampe oben aufschrauben (1) und die komplette alte Elektrik samt Vorschalttechnik herausnehmen (2A + 2B). Das Glas abmontieren und die alte Glühbirne entfernen (3). Auch die alte Fassung entfernen (4). Bevor man weiterarbeitet, alle inneren Teile gründlich säubern.
Jetzt wird die neue Elektrik eingebaut: Neue Fassung anbringen (5), das Kabel durch das Lampengewinderöhrchen führen und in der Lampenfassung anschließen. Die Lampenfassung in das Gewinderöhrchen drehen (6). Birne oder LED-Lampe einsetzen. Alles wieder zusammenschrauben. Die viel leichtere und funktionierende Lampe nun anschließen und aufhängen. Achtung: Solch große Lampen muss man noch mit einem Haken sichern, das Kabel allein genügt nicht!

MATERIAL

alte Industrielampen

Glühlampe, Lampenfassung, Gewinderöhrchen und Kabel (alles im Baumarkt oder im Elektrofachgeschäft erhältlich)

Schraubenzieher

kleine Schrauben und Muttern

Reinigungsmittel

Schwierigkeitsgrad: mittel

Zeitaufwand: ca. eine Stunde pro Lampe

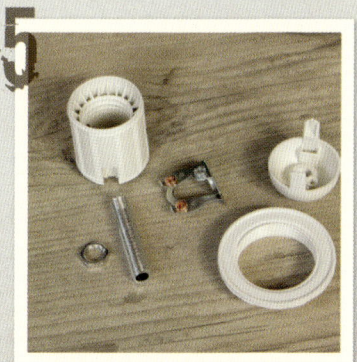

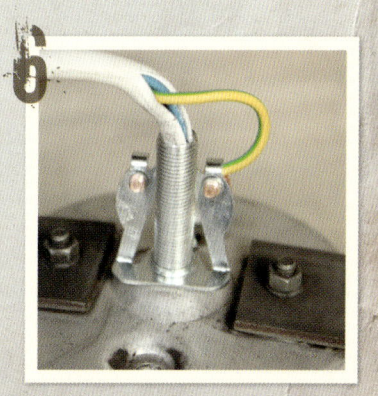

☞ PROJEKTE IM STUDIO

BEISTELLTISCH AUS HOLZ UND METALL

Quadratisch, praktisch, gut — und günstig — und schnell gemacht ... Vorteil über Vorteil birgt dieser Beistelltisch.

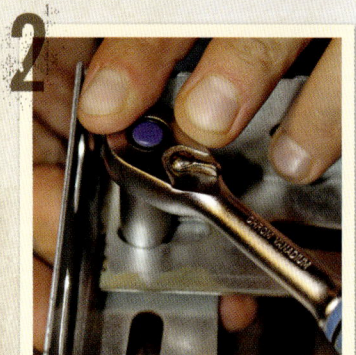

SO GEHT'S Die Metallschienen auf 50 cm Länge kürzen (1), aneinanderschrauben und gut festziehen (2). Aus den Schienen zwei Quadrate zusammenbauen (3). Dann die beiden Quadrate durch senkrechte Schienen miteinander verbinden (4). Dazu Schrauben und Muttern verwenden. Die Tischplatte jetzt mit dem Antikwachs bearbeiten, damit sie dunkler wird. Die Platte gut trocknen lassen. Die Mask auf den Tisch kleben. Außen herum gut abdecken (5) und dann mit der Farbe drüber sprühen (6). Erst nach dem Trocknen die Mask abnehmen. Die Metallteile mit der Finish-Lösung dunkler einfärben (7). Das Gestell von unten an die Platte schrauben (8).

MATERIAL

Sechs 100 cm lange Seitenteile für Metallregale

16 mm dicke Holzplatte, 50 x 50 cm

Antikwachs Patinierungsfarbe (von Kreul)

„Modern Options" schwarze Finish-Lösung

Mask (eine spezielle Schablone) mit Spruch (Artisserie)

Farbspray Marabu in Schwarz

Schrauben, Muttern und Unterlegscheiben

altes T-Shirt und ein Stück Küchenrolle

Handschuhe

Winkelschleifer und Trennscheibe oder Multifunktionswerkzeug mit Metallsägeblatt

Schwierigkeitsgrad: mittel

Zeitaufwand: drei Stunden

TIPP: Hier lohnt es sich, im Baumarkt bei den Holzresten nach einer geeigneten Tischplatte zu schauen, da man dort in dieser Größe leicht etwas finden kann. Unsere Tischplatte hat so schlappe 1,50 Euro gekostet.

PROJEKTE IM STUDIO

GERÄTE

BASIC-WERKZEUGE

Zollstock – Den Zollstock braucht man zum Ausmessen, praktisch ist auch ein Bandmaß, das man einhängen kann.
Winkel – Mit dem Anschlagwinkel zeichnet man rechte Winkel an.
Wasserwaage – Die Wasserwaage braucht man, um zu kontrollieren, ob Dinge gerade an der Wand bzw. am Möbelstück angebracht sind.
Stift – Stifte braucht man, um Maße und Markierungen anzuzeichnen.

TIPP: Besonders dann, wenn viele Menschen mitarbeiten, verlegt man auf der Baustelle ständig die Basic-Geräte und sucht danach. Deswegen lohnt es sich hier, einfach auch von Freunden, die schon gebaut haben, mehr Hilfsmittel auszuleihen. Wir haben festgestellt, dass man nicht genug Geräte und Basics haben kann. Eine Reserve spart beim Bauen dann wirklich Nerven!

RÜCKBAUWERKZEUGE

Stachelwalze – Zum Ablösen von Tapeten kann man mit der Stachelwalze die Wand perforieren, dann dringt das Wasser besser ein.
Spachtel – Alte Wandbeläge und Ähnliches werden mit einem Spachtel entfernt.

AUFTRAGWERKZEUGE

Pinsel – Pinsel gibt es für alle Farbarten, hier lohnt sich ein breites Sortiment an Lackier- und Flächenpinseln mit echten und Synthetikborsten. Fürs Wachsen besitze ich einen speziellen Wachs-Pinsel.
Farbroller oder Farbwalzen – Die Roller sind besser geeignet für einen randlosen Farbauftrag. Farbwalzen gibt es in allen Größen. Ich arbeite hauptsächlich mit haarigen Walzen für das Auftragen von Wandfarben oder mit Schaumstoffwalzen für Lackierarbeiten.
Malschwamm – Mit einem Schwamm kommt man auch in die letzte Ecke eines Möbelstücks hinein, das ist sehr praktisch. Außerdem kann man verdünnte Farbe damit gut auftragen. Die selbstgemachten Lasuren habe ich alle mit einem alten Schwamm aufgetragen.

Alte Lappen – Um ein Möbelstück vorher zu reinigen oder Lasuren- und Wachsreste zu entfernen, benutze ich gerne alte, einfarbige T-Shirts oder Geschirrtücher, die ich danach wegwerfen kann.

Lackierpistole – Diese Spritzpistole ist perfekt, um große Oberflächen oder sehr komplizierte Flächen wie Heizkörper zu lackieren, da sie die Farbe zerstäubt und gleichmäßig verteilt. Die Anschaffung einer Spritzpistole lohnt sich aber nur, wenn man sie regelmäßig benutzt, und es ist furchtbar, sie zu reinigen! Deswegen benutzten wir sie nur für die Heizkörper – aber das Ergebnis kann sich sehen lassen!

SÄGEN

Stichsäge – Die Stichsäge kann Holz, Metall, Gipskarton und Kunststoff durchsägen, wenn man entsprechende Sägeblätter verwendet. Auch hier lohnt es sich, gleich alle Varianten anzuschaffen, denn früher oder später braucht man sie auch. Wir haben zur einfacheren Zuordnung farbige Markierungen an den Sägeblättern angebracht, damit man nicht aus Versehen ein falsches benutzt und das Blatt dadurch stumpf wird. Mit der Stichsäge kann man Holz bis ca. 50 mm Dicke problemlos schneiden. Um gerade Schnitte zu sägen, kann man eine Leiste auf das Holz spannen, an dem man entlang schneidet. Ich persönlich habe kurze Bretter immer noch lieber mit der Tischkreissäge nachgeschnitten.

TIPP: Der Schnitt ist ca. 1,5 mm breit.

Kappsäge – Die Kapp- und Zugsäge wird für exakte Schnitte genutzt. Der Längs- oder Winkelanschlag macht Winkelschnitte möglich. Ich hatte am Anfang einen Heidenrespekt vor der Säge – hier lohnt es sich, einfach mal zu testen und zu probieren, um dann wirklich sicher damit umgehen zu können. Und nie vergessen: Immer beide Hände ans Gerät, damit man nicht aus Versehen irgendwo hineingerät!

TIPP: Bitte beachten: Der Schnitt ist ca. 3 mm breit und muss deshalb immer beim Ausmessen und Anzeichnen des zu schneidenden Holzes berücksichtigt werden!

BOHREN

Akkuschrauber – Der Akkuschrauber oder Akkubohrschrauber ist eine kabellose Maschine zum Bohren von Löchern und zum Eindrehen von Schrauben. Wir benutzen gerne Akkus, auch wenn man die immer wieder aufladen muss, weil man nicht darauf achten muss, eine Steckdose zur Verfügung zu haben. Gerade auf der Baustelle hat man ja manchmal gar keinen Strom! Da haben unsere Akkuschrauber uns beste Dienste geleistet. Wir hatten mehrere Geräte mit denselben Akkus, so gab es keine Engpässe. Für praktisch alle Projekte in diesem Buch braucht man einen Akkuschrauber.

TIPP: Es lohnt sich wirklich, in ein oder zwei sehr gute Geräte zum Schrauben zu investieren. Ich fand es gut, einen kurzen, handlichen Schrauber zu haben, mit dem man in alle Ecken kommt, und dann einen großen, kräftigen. Es nervt wirklich, wenn die Geräte nicht mitmachen oder die Akkus nicht halten oder so. Bosch hat gute Geräte, von denen wir sehr begeistert sind.

Schlagbohrmaschine – Einen Schlagbohrer braucht man für tiefere Löcher in der Wand/Decke, zum Anbringen einer Küche etc. Er hat durch die Schlagfunktion mehr Kraft als ein Akkubohrschrauber.

VERPUTZEN UND FLIESENLEGEN

Rührquirl für die Bohrmaschine – wichtig, um die Trockenmischungen mit Wasser zu vermengen.
Abziehleiste/Aluschiene – wichtig zum Glätten von ganz frischen Putzflächen.
Reibebrett – wichtig, um etwas zu strukturieren.
Zahnkellen – fürs Verputzen und Fliesenlegen unumgänglich. Hier gibt es verschiedene Zahnungen, am besten lässt man sich im Baumarkt beraten.
Maurerkelle – zum Auftragen des Mörtels.
Glättkelle – um Oberflächen abzuziehen.
Schwamm – wichtig zum Reinigen des Werkzeugs und der Umgebung.
Fliesenschneider – macht das Arbeiten um einiges einfacher, ist im Baumarkt gegen ein geringes Entgelt auszuleihen. Meist hat auch ein Bekannter so ein Gerät.
Fugengummi und Schwammbrett – zum Verfugen nach dem Fliesen an Wand und Boden.
Fliesenkreuze – helfen beim gleichmäßigen Verlegen der Fliesen.

HOLZBEARBEITUNG

Heißluftföhn – Den Heißluftföhn haben wir gebraucht, um Dinge zu trocknen, besonders aber für Alterungstechniken beim Holz. Dafür hält man den Föhn über noch nasse Farbe und trocknet alles, bis es Blasen wirft. Diese kann man dann mit dem Spachtel aufbrechen. So erzielt man einen tollen gealterten Look, wie z. B. an unserer Duschtür zu sehen.

Schleifgerät – Ein großes Schleifgerät mit verschiedenen Schleifpapieren ist die Anschaffung in einem DIY-Haus immer wert! Man braucht es ständig und überall. Natürlich ist auch hier ein Akkugerät praktisch, aber nicht unumgänglich. Man kann auch mit Kabel gut schleifen. Wichtig ist hier nur, dass man das Gerät an einen Staubsauger anschließen kann und dass es kräftig ist, damit das Schleifen nicht zu lang dauert.

Dreieckschleifer – Einen Dreieckschleifer benutzen wir überall da, wo der normale Schleifer nicht gut hinkommt. Er besitzt eine dreieckige Schleifplatte und kommt überall ran. Auch hier raten wir zu einem guten, starken Gerät, um lange daran Freude zu haben.

Multifunktionswerkzeug – Wenn Sie noch keinen Dreieckschleifer besitzen, rate ich persönlich zu einem Multifunktionswerkzeug. Dort kann man nämlich den Kopf wechseln und wahlweise einen Schleifaufsatz, Tauchsägeblatt (Holz oder Metall) und ein Segmentsägeblatt (Holz oder Metall) aufsetzen. Diese sind sehr praktisch für kleine Sägearbeiten oder Arbeiten am Rand. Einer für alles: Schaben, Trennen, Sägen und Schleifen.

WAS KOMMT WOHER?

Wohnzimmer
Metallhängeregale, grüner Schubladenschrank, Glaswindlichter, blaue Decke: **Madam Stolz**
Metallstühle: **Car-Selbstbau**
Leuchter, Wandlichter: **Maisons du Monde**
Globus: **Hübsch Interior**
Türtapeten: **Tapetengigant**
Schild Antiques, Klammern: **Ib Laursen**
Bilderrahmen, Keilrahmen, Papiere an der Wand, Holzbuchstaben: **Artisserie**
Kissen: **H&M Home**, **Maisons du Monde**
Ektorp Sofas: **Ikea**
Metallhocker: **Mme Stolz**
Alles andere: Vintage oder selbst gebaut

Schlafzimmer
Metallregal, Metalltrolley, Minilampen, kleine Lampenschirme: **Hübsch Interior**
Bett und Bettwäsche: **Ikea**
Stehleuchte, Stehlampe: **Car-Selbstbau**
Kissen, Vorhang: **H&M Home**
Überwurf: **Clayre & Eef**
Türen, altes Fenster, alte Lampe, Nachttische, Ledersessel, Setzkasten, Fensterläden, Spiegel: **Vintage**
Schrank-Innenleben: **Pax (Ikea)**
Glaslampen: **Ib Laursen**
Zinklampe: **Mme Stolz**
Bunkerlampen: **Baumarkt**

Kinderzimmer
Wandtattoos Federn: **Love, Mae**
Bettwäsche: **Ikea**
Papiere, Tape, Sticker, Anhänger, Lampions, Federketten: **Artisserie**
Metallschablone ABC: **IB Laursen**
Spieltierchen: **Sylvanian Families**
Möbel: Vintage

Küche
Zinkregal, Gläserset für Gewürze: **Hübsch Interior**
Uhr, große Einmachgläser, braunes Geschirr, Wandhaken: **Maisons du Monde**
Kühlschrank: **Gorenje**
Arbeitsplatte: **Bauhaus**
Spüle, Abzugshaube, Zinkgefäße: **Ikea**
Metallstuhl: **Car-Selbstbau**
Kissen, Geschirrtücher: **H&M Home**
Alles andere: Vintage oder selbst gebaut

Bad
Toilettensitz: **Toom**
Großer Spiegel, Kerzenleuchter: **Maisons du Monde**
Zahlenkeilrahmen: **Artisserie**
Handtücher, Toilettentisch-Accessoires: **H&M Home**
Alles andere: Vintage oder unbekannt oder selbstgebaut

Studio
Pouf, Schreibtischleuchten, Zeitschriftenständer, Zinkbehälter für Stifte: **Hübsch Interior**
Bänderregal, Zeitschriftenständer, schwarze Hängelampen, Tassenhalter: **Ib Laursen**
Stempel, Stifte etc.: **Stampin'Up**
Tape etc.: Vintage
Kameras, Stifte: **Artisserie**
Kissen, Teelichtgefäße: **H&M Home**
Stehordner, Boxen, Geschenkpapier, Blöcke, Notizbücher: **Ikea**
Alles andere: Vintage oder selbst gebaut

HERSTELLER-VERZEICHNIS

Alle tollen Hersteller, die wir verwendet haben:

3LandParkett (meine tollen Vinylböden)
www.3land-parkett.de, www.duerscheidt-gmbh.de
Artisserie (meine Homepage)
www.artisserie.net
A.S. Création www.as-creation.de
(Tapeten und Türsticker)
Bauhaus www.bauhaus.info
(alles, was das Herz begehrt)
Bernhard Sanitär www.bernhard-sanitaer.de
Bosch www.bosch-do-it.de (Elektrowerkzeuge)
Car-Selbstbau www.car-moebel.de
Efco Hobbyprodukte www.efco.de (ModPodge)
Gorenje www.gorenje.de (unser Retrokühlschrank)
Hübsch www.hubsch-interior.com (diverse Einrichtungsgegenstände)
IB Laursen www.iblaursen.dk
(diverse Einrichtungsgegenstände)
Ikea www.ikea.de
Kreul www.c-kreul.de
Laura Living www.laura-living.com
(Painting the Past Farben und Wachse)
love mae www.lovemae.com.au
(Wallsticker und Tapeten)
Madam Stolz www.madamstoltz.dk
(Einrichtung und Deko)
Maisons du Monde www.maisonsdumonde.com
(Einrichtung und Deko)
Marabu www.marabu.de (Farben)
Rasch Tapeten www.rasch.de (Tapeten)
Sagra www.sagra-design.com
(Vintage-Möbel und Dekoration)
Schöner Wohnen Farbe
www.schoener-wohnen-farbe.com
(Farben, Werkzeug, Tapeten)
Stampin'Up www.stampinup.com
(Stempel, Verzierungen, Scrapbookmaterial, Stempelkissen)
Tapetengigant www.tapetengigant.de (Tapeten)
Toom www.toom.de (Baumaterialien)
Werkstatt Ansichtssache dodis-home.blogspot.de
(Vintage-Möbel und Dekoration)

Ein paar kleine, aber feine Internettipps:

Tolle Styling und Interior-Tipps:
decor8blog.com
Die beste DIY-Seite: abeautifulmess.com

pinterest – das Inspirationsboard (hier können Sie mir folgen unter www.pinterest.com/simea/boards/

Einfach schön sind
www.lebutiksofie.blogspot.de
www.nicestthings.com
www.myhouseofideas.blogspot.de
www.handmadekultur.de
www.mischmasch.net

Meine Lieblingszeitschriften:
Mollie Makes, Jeanne D´Arc Living,
20 private Wohnträume, Landliebe Wohnen & Deko,
Living & More, Lecker Bakery, Couch

IMPRESSUM

Konzeption und Text: Simea Gut
Ideen und Umsetzung: Dave und Simea Gut, Hanna Bäumle (S. 68/69 und S. 80/81), www.artisserie.net, Stephanie Schuller (S. 89, Heißluftballon)

Stepfotos und Videos: Dave und Simea Gut, Jasmine Sutter, Hanna Bäumle
Materialfotos: Simea Gut, Robert Bosch GmbH
Vorherfotos: Simea Gut
Rückbaufotos: Nathalie Sobriel Photographie
Fotos: Roland Krieg, Simea Gut (S.S. 14/15, S. 25 rechts, S. 31 oben, S. 36/37, S. 44, S. 45 rechts, S.59 unten, S. 69, S. 81)
Styling: Simea Gut
Lektorat: Hans Altmeyer
Redaktion: Angelika Klein
Umschlaggestaltung, Layout und Satz: GrafikwerkFreiburg
Reproduktion: Meyle + Müller GmbH & Co. KG, Pforzheim
Druck und Verarbeitung: DEAPRINTING, Novara (Italien)

ISBN 978-3-95440-006-5
Art.-Nr. HW40006
© 2014 Christophorus Verlag GmbH & Co. KG, Freiburg
Alle Rechte vorbehalten.

Sämtliche Modelle, Illustrationen und Fotos sind urheberrechtlich geschützt. Jede gewerbliche Nutzung ist untersagt. Dies gilt auch für eine Vervielfältigung bzw. Verbreitung über elektronische Medien.
Autorin und Verlag haben die größtmögliche Sorgfalt walten lassen, um sicherzustellen, dass alle Angaben und Anleitungen korrekt sind, können jedoch im Falle unrichtiger Angaben keinerlei Haftung für eventuelle Folgen, direkte oder indirekte, übernehmen. Die gezeigten Materialien sind zeitlich unverbindlich. Der Verlag übernimmt für Verfügbarkeit und Lieferbarkeit keine Gewähr und keine Haftung.
Farbe und Helligkeit der in diesem Buch gezeigten Materialien und Modelle können von den jeweiligen Originalen abweichen. Die bildliche Darstellung ist unverbindlich. Der Verlag übernimmt keine Gewähr und keine Haftung.

DANKE!

Als erstes ganz viel Dankeschön an Frau Bogatz, Frau Klein und den gesamten Verlag, die von Anfang an an das Buch geglaubt und mich als Anfängerin in diesem Gebiet (bisher war ich ja „nur" die Scrapbooktante ...) so unglaublich unterstützt und toll eingebunden haben.
Danke auch für Herrn Schorn und sein unglaublich liebevolles Layout – er hat die Vision, die ich hatte, verstanden, verinnerlicht und umgesetzt – begeisternd! Vielen Dank!
Danke an Roland Krieg für ein unvergessliches Photoshooting – die Zusammenarbeit war toll und das Ergebnis ist hinreißend! Ich bin so froh, wie das alles lief!
Dann möchte ich meinem Mann Dave danken. Er war und ist mein Bau-Partner, der einfach ALLES möglich gemacht hat!!!! Er hat an die Sache geglaubt, mir zugehört, mich gefiltert, Dinge, die in meiner Phantasie bestanden, umgesetzt und für JEDES. EINZELNE. PROBLEM. eine Lösung gefunden. Er ist mein Bau-Buddy und wir hatten so viel Spaß bei diesem Projekt!
Danke meinen tollen Töchtern Lia und Elsie, die eine so lange Bauphase so toll und unkompliziert mitgemacht, ihre Mama und ihren Papa mit einem Haus geteilt haben und mit so viel Elan dabei waren. Es war ein Spaß, das mit euch zu machen!! Und es ist soviel Spaß, mit euch in diesem Haus zu LEBEN!
Danke an Manu und Karin, die mit uns die alte „Bude" gekauft haben! Und noch viel mehr arbeiten mussten als wir!
Danke an Hanna, die in unserem Laden Artisserie die Stellung gehalten hat, damit ich dieses Buch schreiben konnte, und die mitgefiebert und Korrektur gelesen hat bis zum Abwinken!
Danke an alle Helfer, die uns unterstützt haben, besonders meine Schwiegereltern Martin und Elisabeth, die ihre heißersehnte gemeinsame Rente so häufig bei uns auf dem Bau verbracht haben! Sarah, Leonie, Kimmy, Carla, Heike, Julia, Joni, Jasch, Ellie, Daniel, Danke an Tobi, unseren Sam, Joshi, Timon, Alex, Davide, Pascal, Johannes, Lena, Noah, Tim, Rebbie, Iva, Jan, Sebi, Natalie, Samira, Miri, Ulla, Maleika, Rick, Timo, Dennis, Sofienne + Cousin, Heiner, Wolfgang, Stefan, Stefan, Christian, Simea, Levin, Noah, Piet, Luki – und allen, die uns Essen vorbeigebracht haben oder uns beim Umziehen unterstützt haben. Ich glaube, ich kenne die besten Menschen auf der ganzen Welt – tausend Dank euch allen!!!

Dave

Elsie

Martin

Gut geplant ist halb gewonnen!

Elisabeth

Fotokünstler Roland Krieg

Lia

141